商场职场必懂的

管理法则

赵佳◎编著

THE
MANAGEMENT
RULES
OF
WORKPLACE

山西出版集团
山西教育出版社

图书在版编目(CIP)数据

商场职场必懂的管理法则/赵佳 编著.—太原:山西教育出版社,2010.3

ISBN 978-7-5440-4327-4

Ⅰ.①商… Ⅱ.①赵… Ⅲ.①管理学—通俗读物 Ⅳ.①C93

中国版本图书馆 CIP 数据核字(2010)第 004681 号

出 版 人:荆作栋
责任编辑:杨 文
选题策划:刘 峰
特约编辑:陈俞倩
复 审:李 飞
终 审:刘立平
视觉创意:弘文馆·马顾本
设 计:新兴工作室
印装监制:贾永胜
出版发行:山西出版集团·山西教育出版社
　　　　(电话:0351-4729801) 邮编:030002
印 刷:三河市华晨印务
印 次:2010 年 3 月第 1 版 2010 年 3 月第 1 次印刷
开 本:880×1230 1/32
印 张:10
字 数:191 千字
印 数:1-10000 册
书 号:ISBN 978-7-5440-4327-4
定 价:29.80 元

目录

头脑风暴法

直升机扇雪 / 001

让头脑卷起风暴 / 003

与萧伯纳交换思想 / 004

碰撞思想的火花 / 006

延迟对他人的评判 / 008

头脑风暴法的实施 / 009

德尔菲法

预测技术的重要突破 / 013

德尔菲法的鲜明特点 / 014

预测的程序和步骤 / 015

在营销领域的广泛应用 / 018

优劣并存的德尔菲法 / 019

SWOT 分析法

最有效的分析工具 / 021

简单实用，内涵丰富 / 022

不畏浮云遮望眼 / 025

实践操作的三部曲 / 029

因时而动，因势利导 / 031

麦肯锡 7S 模型

追求卓越 / 033

软硬兼施 / 035

战略制胜 / 036

晴天打伞 / 038

以人为本 / 039

80/20 法则

无处不在的 80/20 / 042

动了手脚的骰子 / 045

信息革命的铁律 / 047

发现 20％的核心商品 / 049

留住 20％的关键顾客 / 050

有所为，有所不为 / 051

库存管理的革命 / 053

赚钱的秘密武器 / 054

彼得原理

不能胜任者们的努力 / 056

具有冒犯意味的幽默 / 058

爬不完的晋升梯子 / 059

位子越高越好吗 / 061

排队木偶与体系萧条 / 063

庸人们的天堂 / 065

平庸至上的社会 / 067

彼得处方 / 068

6 西格玛管理法

一流企业的管理模式 / 073

不仅仅是产品的合格率 / 074

创造出良好的文化氛围 / 076

照顾好你的上帝 / 078

倡导者、黑带、绿带 / 079

企业整体流程的变革 / 081

6 西格玛的成功导入 / 082

最强有力的管理工具 / 084

朱兰的质量三元论

质量无极限 / 085

质量管理的三重角色 / 087

朱兰三部曲 / 088

质量管理的突破历程 / 089

质量螺旋和二八法则 / 091

戴明的质量管理法

日本产品的品质革命 / 093

日本能，我们为什么不能 / 094

领导职责的十四条 / 095

周而复始的戴明环 / 101

戴明式公司 / 103

红牌作战质量管理法

小事做起 / 105

破窗效应 / 107

整理和整顿 / 108

清扫和清洁 / 110

三无原则 / 112

人造环境 / 113

灵活运用 / 115

贵在坚持 / 117

参与管理法

神圣的发言权 / 119

参与管理的因素 / 121

让员工过把管家瘾 / 122

群众路线丢不得 / 124

个人管理与团队管理 / 126

附录：法兰克·李谈参与管理法 / 128

目标管理法

谁是目标管理的创始人 / 130

关注行为的结果而非过程 / 132

能够对自己的行为负责 / 133

建立一套完整的目标体系 / 136

每个人都应该制定自己的目标 / 138

对照目标来衡量自己的成果 / 140

把握目标管理的优势 / 141

充分认识目标管理的缺点 / 142

知识管理法

企业的三大战略资源 / 146

将知识传递给最恰当的人 / 148

知识是企业的核心竞争力 / 149

创造知识共享的环境 / 151

现代管理的双节棍 / 153

重视人才，以人为本 / 155

JIT 管理法

日本化模式 / 158

JIT 的生产哲学 / 159

不等于看板 / 161

JIT 何以实现 / 163

追求整体效益 / 165

灵捷制造法

21 世纪的生产方式 / 167

构成内容 / 169

未来社会发展的新型生产模式 / 171

先进即被推崇 / 173

学习型组织

学习型组织的提出 / 175

自我超越 / 176

改善心智模式 / 178

建立共同愿景 / 180

团队学习 / 181

系统思考 / 182

今日的问题来自昨日的解决方案 / 184

渐糟之前先渐好 / 185

欲速则不达 / 187

因与果并不直接相连 / 187

找出最省力的杠杆解 / 188

鱼与熊掌二者可以兼得 / 189

水坝经营法

企业的护身符 / 191

要有形更要无形 / 192

建坝还需护坝 / 194

避免陷入认识陷阱 / 195

附录：松下谈水坝式经营 / 197

CI 战略计划

千呼万唤 / 199

三重含义 / 200

核心成员 / 202

似是而非 / 204

漫漫长路 / 206

取其精华 / 207

一箭四雕 / 209

终极目标 / 212

CS 经营战略

颠覆亨利·福特模式 / 214

CS 战略的丰富内容 / 216

服务取胜的时代 / 217

客户即是资产 / 219

争取不如挽留 / 220

竭力追求双赢 / 221

提供个性化服务 / 222

让顾客满载而归 / 224

让考核有法可依 / 225

业务流程重组

彻底的重组而非改善 / 227

BPR 的四个核心理念 / 228

三思而后行 / 231

业务流程重建 / 232

观念、组织重建 / 234

实施 BPR 的四条捷径 / 235

别把 BPR 当神话 / 237

信不信由你 / 239

企业资源计划

ERP 的来龙去脉 / 241

供需链的管理 / 243

不仅仅是一套软件 / 244

青出于蓝而胜于蓝 / 245

量身定制 / 246

准备东风 / 248

正式运作 / 249

警惕风险 / 251

成功标志 / 252

展望未来 / 254

波士顿矩阵法

重新审视投资业务组合 / 256

幼童、明星、金牛和瘦狗 / 257

实现企业的战略目标 / 260

别把矩阵当万能模式 / 261

弹性工作制

度假室里的决定 / 263

一种制度，多种形式 / 264

仁者见仁，智者见智 / 265

鱼和熊掌可以兼得 / 267

具体问题具体分析 / 268

归因理论

有果必有因 / 271

归因三部曲 / 272

不要过分依赖逻辑 / 273

生活中的偏见 / 274

行为矫正理论

奖励并非奏效 / 276

要治病先识病 / 277

常见的行为矫正法 / 278

连续强化和部分强化 / 281

行为矫正的应用 / 282

企业再造理论

企业再造三部曲 / 284

谁是真正的创始者 / 286

企业再造的含义 / 287

姜未必是老的辣 / 289

再造理论的广泛应用 / 291

时间管理法

个人计划的指南 / 293

专注于可支配的时间 / 294

怎样利用时间 / 295

一些值得注意的要点 / 297

抽屉式管理法

最为流行的管理方法 / 300

抽屉式管理成时尚 / 302

抽屉式管理的特点 / 303

头脑风暴法

> 倘若你有一个苹果，我也有一个苹果，而我们彼此交换这些苹果，那么，你和我仍然都只有一个苹果。但是，倘若你有一种思想，我也有一种思想，而我们彼此交流这种思想，那么，我们每个人将各有两种思想。
>
> ——萧伯纳（英国大文豪）

直升机扇雪

美国北部某地区冬季格外严寒，大雪纷飞，电线上积满冰雪，大跨度的电线常被积雪压断，严重影响了通信。

过去，许多人试图解决这一问题，但都未能如愿以偿。后来，电信公司经理尝试着解决这一难题。他召开了一次座谈会，参加会议的是不同专业的技术人员，同时他要求与会人员必须遵守以下四项原则：

——自由思考

即要求与会者尽可能解放思想，不受拘束地思考问题并畅所欲言，不必顾虑自己的想法或说法是否符合常规做法和逻辑。

——延迟评判

即要求与会者在会上不要对他人的设想品头论足，不要发表"这主意好极了""这种想法太离谱了"之类的赞誉或贬抑之辞。至于对设想的评判，留给会后组织人员来考虑。

——以量求质

即鼓励与会者尽可能多地提出设想，以大量的设想来保证有价值的设想的产生。

——结合改善

即鼓励与会者积极进行智力互补，自己提出设想的同时，注意考虑如何把两个或更多的设想结合成一个更完美的设想。

按照这种会议规则，大家纷纷发表意见。有人建议设计一种专用的电线清雪机；有人想到用电热来化解冰雪；也有人建议用振荡技术来清除积雪；还有人提出能否带上几把大扫帚，乘坐直升机去扫电线上的积雪。对于这种"坐飞机扫雪"的设想，大家心里尽管觉得滑稽可笑，但在会上无人提出疑义。

有一位工程师在百思不得其解时，听到用飞机扫雪的想法后，突发奇想，一种简单可行且高效率的清雪方法就此产生了。

他想，每当大雪过后，出动直升机沿积雪严重的电线飞行，依靠高速旋转的螺旋桨产生的风力即可将电线上的积雪迅速吹落。于是他马上提出"用直升机扇雪"的新设想，这个设想又引起其他与会者的联想，有关用飞机除雪的主意一下子又多了七八条。不到一小时，与会的10名技术人员共提出90多条新设想。

会后，公司组织专家对设想进行分类论证。专家们认为设计专用清雪机、采用电热或电磁振荡等方法清除电线上的积雪，在技术上虽然可行，但研制费用大、周期长，一时难见成效。那种由"坐飞机扫雪"激发出来的几种设想，倒是一种大胆的新方案，如果可行，将是一种既经济又高效的好办法。

经过现场试验，公司发现用直升机扇雪果然奏效，一个悬而未决的难题，终于巧妙地得到了解决。而这家电信公司经理提出参加会议的四项原则就是头脑风暴法的主要思想。

让头脑卷起风暴

所谓头脑风暴法（Brain Storming，简称BS法），实际上是一种智力激励法。它是由美国创造学家A.F.奥斯本于1939年首次提出，1953年正式发表的一种激发性思维方法。

此法经各国创造学研究者的实践和发展，如今已经形成了一个发明技法群，如奥斯本智力激励法、默写式智力激励法、卡片式智力激励法等等。

这种方法的英文原文是brain storming，直译为精神病人的胡言乱语，奥斯本借用这个词来形容会议的特点——让与会者敞开思想，使各种设想在脑海的相互碰撞中激起创造性的"风暴"。

头脑风暴法一般可分为直接头脑风暴法和质疑头脑风暴法。直接头脑风暴法是在专家群体决策的基础上尽可能激发创造性，产生尽可能多的设想的一种方法；质疑头脑风暴法则是对前者提出的设想、方案进行质疑，并分析其现实可行性的方法。

在群体决策中，群体成员的心理往往会受到相互作用的影响，它常常导致人们的意见倾向权威或大多数人的意见，形成所谓的"群体思维"。群体思维不但削弱了群体的批判精神和创造力，而且也损害了决策的质量。

为了保证群体决策的有效性，提高决策质量，头脑风暴法先后经历过数次改善。在实际应用中，头脑风暴法仅是一个产生思想的过程，而不是一个决策过程。

与萧伯纳交换思想

创新从何而来？可以来自冥思苦想之后的茅塞顿开，也可以来自外部刺激所激发的灵感。在工作、生活中往往存在个人、他人、集体三种萌生创意的源泉。

来自个人的创新关键在于超越自己，更准确地说是超越过去的自己，这是最困难的事情之一。来自他人的创新就是超越他人，站在别人的肩膀上，以求看得更远。学习，借鉴，再到思考，提出"怎样做得更好"的创意——这种方法即便对不习惯创新性思维的个人也是适用的。

创新的发展历程，创新方法的研究，从20世纪30年代开始起步，40年代奠基，50年代发展，60年代飞跃，70年代盛行，80年代普及。由于创新工程的复杂性，其理论体系至今尚不完善，但这并不影响其开发、普及和发展。据统计，目前已提出创新方法340余种，其中头脑风暴法是其中最重要的，也是最常用到的方法。

英国大文豪萧伯纳曾经说："倘若你有一个苹果，我也有一个苹果，而我们彼此交换这些苹果，那么，你和我仍然都只有一个苹果。但是，倘若你有一种思想，我也有一种思想，而我们彼此交流这种思想，那么，我们每个人将各有两种思想。"萧伯纳的名言，与头脑风暴法如出一辙。头脑风暴法的缔造者奥斯本，则倡导在智力激励中开展创造！

发明创造的实践表明，真正有天赋的发明家，他们的创造性思维能力是平常人所不及的。但即使普通人，如果能相互激励，相互补充，引起思维"共振"的话，也会产生出许多闪光的新创意或新方案，正如俗话所说"三个臭皮匠，顶个诸葛亮"。

奥斯本的头脑风暴法也就是"集思广益"。"集思广益"本身并没有什么高深的道理，问题在于如何做到这点。开会是一种集思广益的方式，但并不是所有形式的会议都能达到让人敞开思想、畅所欲言的效果。

奥斯本的贡献，就在于找到了一种能有效地实现信息刺激和信息增值的操作规程。头脑风暴法问世以后，在美国迅速得到推广，日本企业也开始纷纷效仿。

有一家汽车生产企业在一次有关新型车辆转向架设计方案研讨中，前两天的发言尽管很热烈，但讨论中有价值的新创见并不多，后来，会议组织者试用头脑风暴法再次研讨，结果很快获得30多条有创见的设想，收到了令人满意的效果。

碰撞思想的火花

创造力人皆有之。但是，由于个人的知识、经验、思维方式等的局限性，创造力的发挥往往会受到各种阻碍。如果将许多不同的意见和想法聚集在一起，使之在一种热烈、活跃和自由的气氛下交流和碰撞，便会打破由单一模式形成的思维障碍，扩大创意产生的可能性。

头脑风暴的主持者应尽可能激起参会者的"思维灵感"，让他们在无形中感到有一种急于回答的迫切性。一般情况下，主持者在"头脑风暴"开始时采取询问的做法，因为主持者几乎不可能在会议开始5分钟内创造出一种能自由交换意见，并使参与者踊跃发言的气氛。

因此，主持者的一些主要活动也仅局限于会议开始时，一旦气氛活跃起来以后，新的设想就会源源不断地涌现出来。

此时，主持者只管根据"头脑风暴"的原则进行适当引导即可。同时需注意，发言越多，意见就可能越多，所论问题也会越广越深，出现有价值设想的概率也就越大。

会议提出的设想应由专人做记录，并在会后由分析组对会议产生的设想进行全面、系统地处理，以便下一个环节的使用。通常，系统化的处理程序是指如下几条：

——针对所提出的设想制定名称一览表；

——用简单易懂的语句描述每一个设想的主旨；

——从中寻找一再出现的和互为补充的设想，并在此基础上形成新的综合设想；

——提出对设想进行评价的准则；

——在决策过程中，针对上述方案和设想，还需采用质疑法进行质疑和完善。

对设想和方案进行质疑，这是头脑风暴法中必不可少的过程。这一过程通常需要经过三个阶段。

首先，要求参加者对提出的每一个设想都要进行质疑，进而全面评论。评论的重点是有碍设想实现的所有不利因素。在质疑过程中，可能会产生一些可行的新设想。

其次，是对每一组或每一个设想，制定一个评论意见一览表，以及可行设想一览表。头脑风暴法的质疑禁止对存在的设想提出肯定意见，而鼓励提出批评和新的可行设想。

再次，对质疑过程中提出的评价意见进行全面分析，以便最终形成一个对解决所讨论问题切实可行的设想一览表。对评价意见的评估，在质疑过程中是相当重要的。因为在质疑阶段，重点是研究有碍设想实施的所有限制因素，而这些限制因素即使在设想产生阶段也是被放在首要地位予以考虑的。

最后由分析组负责处理和分析质疑结果。分析组最好要吸收一些有能力对设想实施做出较准确判断的专家参加。若须在很短时间就重大问题做出决策时，吸收这些专家则可以大大提高工作效率和质量。

不可忽视的一点是，头脑风暴法实施的成本是相当高的，同时，头脑风暴法要求参与者在各方面都要有较高的素质和一定的知识水平。所有这些因素的满足程度都会影响头脑风暴法实施的效果。

延迟对他人的评判

作为一种创造能力的集体训练法，头脑风暴法将一个组的全体成员组织在一起，使每个成员都毫无顾忌地发表自己的观念，既不怕别人的讥讽，也不怕别人的批评和指责，是一个使每个人都能提出大量新观念、积极发挥创造性解决问题的最有效的方法。在实施过程中要把握如下四条基本原则：

——排除评论性批判

即针对提出的观念发表评论要在以后进行，此前不能对别人的意见提出批评和评价。认真对待任何一种设想，而不管其是否适当和可行。在此过程中不裁判，强调"宽松"。

——鼓励"自由想象"

提出的观念越荒唐，可能越有价值。欢迎各抒己见，自由鸣放。创造一种积极的气氛，激发参加者提出各种新奇的想法。头脑风暴法是为了克服从众压力的一种相对简单的方法。它通过一种思想产生的过程，鼓励提出不同种类的方案设计思想，同时禁止对各种方案进行任何批评。在这里，它追寻的是"奇"，也是"新"。

——要求提出一定数量的观念

提出的观念越多，就越有可能获得更多的有价值的观念，从而产生有价值观点的可能性就越大。不应忽视来自任何微弱声音中的建议，所有的主张都应被记录下来并予以考虑。

——探索研究组合与改进观念

除了要求与会者本人提出设想以外，还要求与会者考虑，按照他们的想法怎样做才能将几个观念综合起来，以便产生一个新观念；或者探索取长补短和改进的办法。除提出自己的意见外，鼓励参加者对他人已经提出的设想进行补充、改进和综合。

实践经验表明，头脑风暴法可以排除折中方案，对所讨论的问题通过客观、连续的分析，从而找到一套切实可行的方案。因此，它在企业决策中有着广阔的应用前景。

头脑风暴法的实施

当组织中的人员在会议中各抒己见，相互启发时，要遵从的重要原则是，让每个人畅所欲言，不要轻易批驳别人的设想。在典型的头脑风暴会议中，许多人围桌而坐。

群体领导者以一种明确的方式向所有参与者阐明要讨论的问题，然后让成员在一定的时间内提出尽可能多的方案，不允许其间存在任何批评，并且所有方案都尽可能记录下来，留待稍后讨论或分析。

采用头脑风暴法组织群体决策时，要集中有关专家召开专题会议，扼要说明要进行决策的主题，说明会议的规则，尽力创造一种融洽轻松的会议气氛。

智力激励法是一种通过会议的形式，让所有参加者在自由愉快、畅所欲言的气氛中，自由交换想法或意见，并以此激励与会者的创意及灵感，从而产生更多、更新颖的方案。举行头脑风暴会议时应该明确以下几项内容：

——对象：一般员工、管理者、监督人员、领导干部都可参与，并根据需要，可以从各阶层人员中分别抽几名。

——目标：培训参加人员的创造性思维，激发他们的想象力，以得到创造性的构想。

——内容：根据各企业的需要来确定，如给产品命名、生产新产品等需要进行大量的构想。

——方式：会议讨论方式。

——时间：会议时间一般为 30 分钟左右。

——过程：在一个小组或者大组中选择一名主持人和一名记录员。通过集体讨论来定义问题或者概念，确保每人都对将要探索的问题做到心中有数。

举行头脑风暴会议时要建立讨论活动的规则。这些规则包括：

——主持人控制讨论进程；

——承认每个人做出的贡献；

——确保没有人侮辱、批评或者评价另一位参与者的回应；

——声明没有一个答案是错误的；

——设定发言时间，到时立即终止发言。

开始时可以集体自由讨论。记录员记录下所有的回应，使得每个成员能够看到这些反映。确保在讨论结束以前不要评价或批评任何回答。

一旦集体讨论结束，马上检查记录结果，并开始对各种回应进行评价。检查这些回应记录的时候，一些最基本的要求包括：

——找出重复或者相似的答案；

——将相似的概念归结在一起；

——剔除不合适的回应。

精简了记录清单以后，继续通过小组讨论的方式，讨论剩余的回应内容。

同时，还应要求头脑风暴法的所有参加者都具备较高的联想思维能力和分析、解决问题的能力。

在进行"头脑风暴"时，应尽可能创造一种有利于注意力高度集中的环境。一些最有价值的设想，往往是在别人提出设想的基础上，加上自己的设想而形成的。

所以，头脑风暴法产生的结果往往可认为是专家组成员"集体智慧的结晶"，是专家组这个宏观智囊团互动作用的总体效应。

20 世纪 30 年代美国普及创造发明学教育，其中"头脑风暴法"的影响尤为突出，该方法首先在大学、工厂得到普及，后来推广到军队、公司。通过培训，美国大众知道如何用创造性的方法来工作，因此极大地推动了社会的发展。

　　日本把 21 世纪作为创造力开发的世纪，日本战后发展之所以如此迅速，就是因其借鉴了美国的经验，普及创造力教育的结果。此外其他一些国家也陆续采用了这种行之有效的方法。据有关专家预测，不久的将来这股风暴还会"席卷"世界的每一个地方。

德尔菲法

德尔菲法既能发挥专家们的集体智慧，又可以避免专家会议的缺点。通过背靠背地发表意见，可以把心理因素的影响降到最低限度。这种方法对于解决被认为有困难的、有争论的和带有感情色彩的问题相当有效。

——牧野伸显一（日本原内务大臣）

预测技术的重要突破

随着知识经济和信息技术的迅猛发展，经济环境变得日益复杂，科学技术日新月异，市场需求变幻莫测，这些都要求企业不仅要着眼于现在，更应该关注于未来。

虽然企业界和管理学界都知道，预测是联系现在和未来的唯一桥梁，但他们一直苦于找不到一种精确适用的预测方法。

20世纪40年代，人们终于在这一问题上获得巨大突破，一种被称之为德尔菲法的预测方法应运而生。

德尔菲法是由 O. 赫尔姆和 N. 达尔克首创，经过 T.J. 戈尔登和兰德公司（Rand Corporation）对其进一步发展，逐渐成为一种成熟的预测方法。德尔菲是古希腊传说中的神谕之地，据说城中有座阿波罗神殿，可以预卜未来，人们故借用其名来表达这种方法在预测领域的意义。

1946 年，兰德公司首次运用这种方法进行预测，不久该方法便得到了广泛运用。

德尔菲法是有关专家对企业组织某一方面的发展达成一致观点的结构性方法，它是一种复杂、耗时的方法，除了并不需要群体成员列席外，其他的类似于名义群体法。

德尔菲法依据一定的程序，采用匿名或背对背的方式，使每一位专家独立自由地做出自己的判断；专家之间不得互相讨论，不发生横向联系，只能与组织人员发生关系。在收到专家的问卷回执后，组织者将他们的意见分类统计、归纳，然后不带任何倾向性地将结果反馈给各位专家，供他们做进一步的分析判断。

通过两三轮次专家问卷调查，以及对调查结果的反复征询、归纳、修改，最后汇总成专家们基本一致的看法，并以此来作为预测的结果。

德尔菲法的鲜明特点

与其他的预测方法相比较，德尔菲法具有其他方法所不具备的一些特点，正是这些特点使得德尔菲法成为一种较为有效的判断预测工具。

——专业性

德尔菲法吸收专家参与预测，充分利用专家的经验和学识。这些专家一般都具备与策划主题相关的专业知识，熟悉市场情况，精通业务策划。

——匿名性

德尔菲法采用匿名或背靠背的方式，要求每一位专家独立自由地做出自己的判断，专家之间不得发生与主题相关的任何联系。

——收敛性

在收到专家的问卷回执后，将他们的意见分类汇总，并及时反馈给各位专家，以便他们分析判断，直到最后对某一问题达成统一意见。其间要进行多个轮次的征询、归纳和修改。

德尔菲法既能发挥专家们的集体智慧，又可以避免专家会议的缺点。通过背靠背地发表意见，可以把心理因素的影响降到最低限度，然后将各个专家的不同意见进行分类处理，经多次反复征询、分析处理，最后形成比较客观的预测结果。这种方法对于解决被认为有困难的、有争论的和带有感情色彩的问题相当有效。

德尔菲法避免了召集主管人员的花费，同时还可以获得来自各地的主要市场信息。当然，其缺点是太耗时间。当需要进行一个快速决策时，这种方法通常是行不通的。

预测的程序和步骤

根据德尔菲法的基本原理，预测的程序可简要地概括为以下步骤：

（1）预测筹划：

——确定预测的课题及各预测项目，并且根据项目提出含义十分明确的征询问题。

——设立负责预测组织工作的临时机构，全面负责预测工作的组织、协调和管理。

——选择若干名熟悉所预测课题的专家，组成专家小组。按照课题涉及的知识范围，确定专家人选。专家人数的多少，可根据预测课题的大小和涉及面的宽窄来定，一般不超过 20 人。

另外，对专家的挑选应基于其对企业内外部情况的了解程度。专家可以是第一线的管理人员，也可以是企业高层管理人员和外聘专家。例如，在估计未来企业对劳动力的需求时，企业可以挑选人事、计划、市场、生产及销售部门的经理作为专家。

（2）专家预测：

——预测机构把包含预测项目的预测表及有关背景材料寄送给各位专家，并附上有关问题的所有背景材料，同时请专家提出还需要什么材料。预测机构应为专家提供充分的信息，使其有足够的依据做出判断。例如，为专家提供所收集的有关企业人员安排及经营趋势的历史资料和统计分析结果等等。

——各位专家根据他们所收到的材料，以匿名方式独立对问题做出判断或预测。

——各位专家以无记名方式提出自己的预测意见，并说明自己是怎样利用这些材料并提出预测值的。

（3）统计分析：

——工作人员将第一组问卷的结果集中在一起编辑、加工和复制，对每个问题进行定量统计归纳。

——将各位专家第一次判断意见汇总，列成图表进行对比，并且综合成新的预测表。

（4）分轮咨询：

——将新的预测表再分别寄送给各位专家，每个专家根据这个统计归纳的结果，了解其他人的意见，然后提出自己的意见。也可以把各位专家的意见加以整理，或请身份更高的其他专家加以评论，然后把这些意见再分送给各位专家，以便他们参考后修改自己的意见。

——第二次收集征询意见表，再进行统计、整理，然后再将统计、整理结果分发给各位专家，请他们再一次填写征询意见表，如此反复多次。

——逐轮收集意见并反馈给专家是德尔菲法的主要环节，经过多轮反复征询意见，并让每位专家都知道现已存在的各种不同意见，从而重新考虑自己的意见。如此的反复须经过 3～4 轮，直到专家的意见趋于一致。

（5）表述预测结果：

——对几轮专家意见进行处理。可以用算术平均值来代表专家们的意见。

——预测机构把经过几轮专家预测而形成的结果以文字或图表的形式表现出来。

在营销领域的广泛应用

市场经济中充满了不确定因素和未知事件，因此，需要通过市场预测不断为决策提供可靠的依据。作为最主要的预测方法——德尔菲法对企业的经营管理起到了重要的作用：

——可以为新产品的发展提供依据。即通过企业的长期销售预测，了解目前产品究竟处在寿命周期的哪个阶段。

——作为引进新生产技术的依据。

——作为生产计划及采购计划的依据。即根据短期销售预测的资料，编制销售计划，同时根据销售计划拟定年度和月度生产计划以及采购计划。

——可作为资金计划、增资计划及人事计划的参考。如果销售预测显示销路不久后将大增，则应尽早拟定资金计划，开辟新财源，准备扩充设备，增加生产量。

——作为定价政策的依据。根据销售预测和市场占有率的大小，企业可决定何种定价策略较为有利，并采取对企业较为有利的相关策略。

——可据之拟定存量水平。如果企业不注重销售预测，则会出现生产过剩或不足现象。

下面我们以某出版社采用德尔菲法对某一图书销售量进行预测的过程来说明这种方法在市场营销领域中的应用。

首先，该出版社选择若干名书店经理、读者、编审人员、书评家、销售代表以及一些分支机构经理组成专家小组。将该专著及一些相应的背景材料发给各位专家，要求大家给出该书最低销售量、最可能销售量和最高销售量三个数字，并说明自己做出判断的主要理由。

随后，预测小组将专家们的意见收集起来，归纳整理后再反馈给各位专家，然后要求专家们参考他人的意见对自己的预测重新给予考虑。专家们经过第一轮预测并得到第一次预测的汇总结果后，除书店经理B外，其他专家的意见在第二轮预测中都做了不同程度的修改。在第三次预测中，大多数专家又一次修改了自己的意见。

第四次预测时，所有专家都不再修改自己的意见。因此，专家意见收集过程在第四次以后停止。最终预测结果确定为最低销售量20万册，最高销售量63万册，最可能销售量37万册。

优劣并存的德尔菲法

德尔菲法同常见的召集专家开会、通过集体讨论、专家会议法等既有联系，又有区别。与其他各种方法相比，德尔菲法优劣并存：

（1）优点：

——参与论证的专家们互不见面，不会产生权威压力，因此他们可以自由而充分地发表自己的意见，从而得出比较客观的评价。

——能更加充分地发挥各位专家的长处，集思广益，准确性高。既可避免面对面讨论带来的缺陷，又可以避免个人一次性表态的局限。

——能把各位专家意见的分歧点表达出来，有利于发现新的问题。

（2）缺点：

——德尔菲法虽然能集众人之长，但主要是凭借专家主观判断，缺乏客观标准，尤其是那些不具备相应专业知识人员的意见很难从总体意见中剔除。

——由于次数较多，反馈时间较长，有的专家可能因工作忙或其他原因而中途退出，影响决策的准确性。

——在第二轮、第三轮和第四轮反馈过程中，权威人士的意见可能会影响他人的判断。

——由于专家组成员之间存在身份和地位上的差别，以及其他社会原因，有可能使其中一些人因不愿批评或否定其他人的观点而放弃自己的合理主张。

——一些专家出于自尊心而不愿意修改自己最初的意见。

——因各位专家在封闭状态下思考，往往无法考虑到突发事件。专家之间不能相互交流意见，共同讨论问题，也不易取得共识，缩短评价时间。

——有些咨询意见缺乏深刻论证，有的专家由于一些主客观原因，对表格的填写未经过很深入的调查和思考，从而影响到评价结果的准确性。

但不管怎样，德尔菲法作为技术预见最为有效的工具，将会由于自身的不断完善而享誉全球。

SWOT 分析法

SWOT 分析法常常被用于制定公司发展战略和分析竞争对手情况，在战略分析中，它是最常用的方法之一。

——联邦快递公司

最有效的分析工具

SWOT 分析法最早是由旧金山大学的管理学教授于 20 世纪 80 年代初提出来的。所谓 SWOT 分析，即态势分析，就是将与研究对象密切相关的各种主要内部优势、劣势、机会和威胁等，通过调查列举出来，并依照矩阵形式排列，然后运用系统分析的思想，把各种因素相互匹配起来加以分析，从中得出一系列相应的结论，而结论通常带有一定的决策性。

运用这种方法，有利于对研究对象所处的情景进行全面、系统、准确地研究，从而根据研究结果制定相应的发展战略、计划以及对策等。

SWOT 分析法总体上来说是一种较准确和明晰的分析方

法，它能较客观地分析和研究一个单位的现实情况。利用这种方法可以从中找出对自己有利且值得发扬的因素，以及对自己不利且需要回避的因素，发现问题并找出解决办法，从而明确未来的发展方向。

根据分析的结果，企业可以将问题按轻重缓急分类，明确哪些问题目前急需解决，哪些可放在稍后解决，哪些是属于战略上的障碍，哪些是属于战术上的问题。SWOT 分析法针对性很强，管理者可依之协调管理，做出正确的规划和决策。

SWOT 分析法常常被用于制定公司发展战略和分析竞争对手情况，在战略分析中，它是最常用的方法之一。

简单实用，内涵丰富

SWOT 是由"S""W""O""T"4 个英文字母组成的，它们分别代表着一个单词，也就是说 SWOT 实际上是由 4 个观点组成的。

S：Strength，优势，是指在竞争中拥有明显优势的方面，如产品质量优势、品牌优势、市场优势等。

W：Weakness，弱势，是指在竞争中相对处于弱势的方面。一个公司具备相当的优势并不代表它就没有弱点，厂商只有客观评价自己的弱势，所采取的对策才会对企业发展真正有利。

O：Opportunity，机会，即外部环境（通常指宏观市场）提供的比竞争对手更容易获得的机会，而这种机会往往可以比较轻松地带来收益。例如一个城市要转移它的繁华地带，而我们是这个城市中的房地产商，拥有一定的经济实力，毫无疑问，在未来的繁华地带拥有一两块土地的开发权将意味着一个绝好的发展机会。

T：Threat，风险，主要指一些不利的趋势和发展带来的挑战，一般是指一种会影响销售、市场利润的力量。厂商一般会对可能出现的风险制定预防和管理的方案。风险本身并不可怕，可怕的是没有一套预警机制和相应的避免管理风险的机制。

为了更好地理解 SWOT 的真正含义，我们可以试着从 SWOT 的四个组成部分去分析一家培训机构：

（1）S：优势

——知名度较高的培训机构之一，具有几项重要的培训资格。

——有相当一部分员工素质较好、积极肯干；部分受训人员层次较高，设备先进。

（2）W：劣势

——顾客面较窄，顾客主要局限于某一领域或社会层次；在一些培训班的组织上受制约较多；服务网络不完善，信息反馈率低；宣传力度不够，对外联络缺乏主动性，知名度不高。

——部分在职人员素质不高，缺乏活力且趋于老化，达不到再次培训的要求；自身师资力量缺乏，学历和能力顶尖的教师几乎没有；员工福利较差，员工的数量与工作所需职位不协调。

上述两项主要针对的是培训机构的内部环境。

（3）O：机会

——很多单位希望同该培训机构建立业务联系或建立长期合作项目，随着企业越来越成为市场的竞争主体，企业高层次培训需求量剧增，培训市场进一步扩大。

——待开发项目很多，包括一部分合作项目，创新人才层出不穷，其项目经验充足，有能力应付各种合作环境；市场竞争力强，并有能力制造出更好的产品。

（4）T：风险

——相同性质的培训机构出现；各级政府部门开始筹建自己的培训机构；有些类似的培训机构开始扩大自己的市场，自身的顾客群呈现出一种缩小的趋势；行业内培训课程的内容雷同或相似性严重。

——产品单一无特色，缺乏创新，服务的质量和内容有待提高；自满感较强，员工竞争意识不强；管理机制不健全，部分员工由于福利较差，其忠诚度和工作热情不高；激励机制和奖励制度不完善，员工积极性没有充分调动起来。

上述两项主要是针对该培训机构的外部环境。

由此可以看出，SWOT 本身已经拥有非常完善的内涵，随着 SWOT 分析法的不断发展，其内涵也将得到进一步延伸。

不畏浮云遮望眼

　　SWOT 是一种常用的分析工具，具备我们分析问题的两个层面，其中 Opportunity 和 Threat 是针对外部环境的分析，而 Strength 和 Weakness 是针对内部环境的分析。

　　SWOT 分析法有两个基本的组成部分，分别是优势与劣势分析（SW）和机会与风险分析（OT）。它们就仿佛是企业的两个报警器，时刻提醒着企业注意其面临的机遇和挑战。只要企业真正进行优势与劣势分析和机会与风险分析，就能看清企业的真正处境和今后的发展潜力，防患于未然。

——优势与劣势分析

　　当几个企业处于同一市场，并且它们都有能力向同一顾客群提供相同或相近的产品和服务时，如果其中的一个企业具有更高的赢利率或赢利能力，我们就可以认为这个企业比另外几个企业更具有市场竞争优势。

　　也可以这样认为，竞争优势即指一个企业在市场竞争中超越其竞争对手的能力，正是这种能力使得实现企业的主要目标——赢利成为可能。

　　但是，赢利率并非是企业竞争优势的完全体现，企业有时更需要增加市场份额，或者通过奖励管理人员或员工来获得他们的忠诚度。

　　竞争优势可以指消费者眼中一个企业或其产品有别于甚至高于其竞争对手的任何优越的因素，这些因素主要包括生产的规模、产品的设计、质量、适用性、可靠性、企业形象以及服务质量等。其中特别要明确企业究竟在哪一个方面具有绝对优势，只有这样，企业才可以扬长避短、避实击虚。

企业是一个整体组织，由于竞争优势来源的广泛性，致使对优劣势的分析必须从整个价值链的每个环节上进行，并认真做好本企业与竞争对手在一些方面的对比分析工作，其中包括产品是否时尚，是否有畅通的销售渠道，制造工艺是否先进，定价是否合理等。

若一个企业在某一领域或方面的优势是其他企业所不具备的，那么，这些其他企业不具备的方面便成为该企业成功的关键因素。但关键的一点是，衡量一个企业及其产品是否具有竞争优势，不是站在本企业的角度上来观察的，而是要站在现有潜在用户的角度。

同样，企业在维持现有竞争优势的过程中，必须深刻分析自身的资源状况与发展潜力，进而采取适当的企业战略。一个企业若在某些方面具有了竞争优势，势必会吸引其他一些竞争对手的注意，因而竞争不可避免。

一般情况下，企业经过一段时期的发展，已经初步具备某种竞争优势，继而便处于维持这种竞争优势的状态。这时，若竞争对手直接进攻企业的优势领域，或采取其他更为有力的措施，就会使企业的这种优势受到挑战或威胁。

总之，影响企业竞争优势的持续时间，主要包括三个基本因素：这种优势的建立需要多长时间？竞争对手做出相应反应需要多长时间？企业能够获得的优势有多大？企业只有理清了这三个问题，才能明确自己在建立和维持这种竞争优势中所处的地位。

——机会与风险分析

社会、科技、经济、文化等方面的快速发展，特别是经济全球化、世界一体化过程的加快，全球信息网络的建立和消费需求日趋多样化，这一切都使得企业的生存环境变得更为开放和复杂。这种变化几乎对所有企业都产生了深刻的影响。因此，环境分析正日益成为一项重要的企业职能。

企业环境发展趋势主要分为两类：一类为环境风险，另一类为环境机会。

环境风险是指环境中不利于企业发展的趋势所形成的障碍，若不采取相应的战略措施，这种不利趋势就会对企业的竞争优势起到弱化作用。

环境机会是指对企业行为富有吸引力的领域或方面，而在这一领域或方面，公司将拥有绝对竞争优势。

我们也可以从不同的角度对环境进行分析，例如，通常采用的一种简明扼要的方法——PEST 分析，主要从政治、经济、社会文化和技术等角度分析环境变化对企业产生的一些影响。

政治：环境保护法，税法，劳动法，政府稳定性，对外贸易规定等；

经济：GNP 趋势，利率，经济周期，货币供给，通货膨胀，可支配收入，能源供给情况，成本等；

社会文化和技术：教育水平，社会稳定，生活方式的变化，消费，技术，政府对研究的投入，新技术的发明和进展，技术传播的速度，折旧和报废速度等。

哈佛大学教授迈克尔·波特在《竞争战略》一书中，首次提出了一种"五力分析"法，它是一种结构化的环境分析方法，同时也被称为五种环境要素：

——新型产业进入存在的风险

如进入本行业主要存在哪些不确定因素？它们会对新进入者产生哪些副作用？企业怎样选择自己的战略以阻止对手进入？

——供货商议价能力

供货商的品牌优势与价格定位，他们的企业战略是什么？供货商相互之间的关系影响企业与供货商的关系及其竞争优势。

——买方的议价能力

本企业的零部件与原材料产品的供给共占用买方的资金额，买方之间是否存在相互联合的可能，企业与买方是否具有长远的合作潜力等。

——替代品的风险

首先，替代品可以限定公司产品的最高定价，替代品一方面对企业产生威胁，同时也可能给企业带来机会。作为企业，必须认真分析替代品可能给公司带来的危害，以及可能产生的效益；企业应该采取什么措施来降低成本或增加利润，以此可以减少购买替代品带来的风险？

——现存企业的相互竞争

本行业竞争者平均分布、固定成本所占比例、增长速度、本行业内产品或服务的差异程度等，这些因素都决定了一个行业内竞争的激烈程度。

实践操作的三部曲

SWOT 在实践中的操作方法主要包括对企业内外两种环境的分析、对企业运行指标的分析等，它们是 SWOT 用来指导企业运营的主要方法。

——企业内部环境分析

内部环境分析主要是检视企业目前的市场及未来市场的优势及缺点，从而正确评估企业自身具有或应尽快达到的条件。

（1）企业机能包括：研发能力，人力资源运用及发展能力，财务规划控制能力，生产力，行销能力。它包括产品（Product）、价格（Price）、促销方法（Promotion）、营销渠道（Place）四个方面，也即"4P"。

（2）管理机能包括：计划、组织、训练、控制、领导这五种能力。

——企业外部环境分析

企业外部环境分析包括市场分析、竞争状况的分析、科技发展、经济能力、社会变化等。

（1）市场分析：包括对现有的产品在市场上的地位；产品在市场中的变化，变化的趋势与速度；产品在市场上的变化对企业所产生的影响；消费者消费行为的走向；市场中产品种类的消长状况；新产品的未来空间这六个方面的分析。

（2）竞争状况的分析包括三方面，分别是：现在的竞争者，未来的竞争者，通过市场调查将他们罗列出来；对竞争者的优劣势进行调查，并详细记录下来，进而做出客观的评价；针对最大的竞争对手，采取何种策略赶上并超越他们。

（3）科技发展包括四部分：是否有可预见新科技的发展会影响生产方法或成本；是否可预见新技术条件下出现的产品对现有的产品有替代性；随着科技的发展，消费者的消费习惯和方式是否会随之改变；企业自身的产品研发基础如何。

（4）经济能力：居民的消费能力；企业提供的产品对居民来说是民生必需品，还是一般消费品，对根据经济成长状况所产生的影响应作不同的评估。

（5）社会变化：在可预见的时间内，当前政治是否稳定；政局变动对社会产生的影响；企业因社会变化可能出现的变动。

——企业运行指标

企业运行指标包括企业的收益能力，安定能力，活动能力，生产能力，成长能力，研发能力，社会责任等。这些都是针对企业运行指标的一些需求分析，具体到某一种能力还有详细的分析。详细的分析之后，接下来就要重新考虑下列一系列的问题：你应在哪里竞争？如何能获得持久的竞争优势？你需要什么样的竞争和何种组织去完成这一战略？

这些都是对企业战略的再思考，也是对企业未来发展的规划性活动。

因时而动，因势利导

如今，SWOT已被广泛应用于各行各业，尤其在一些发达国家，SWOT分析法甚至已深入到企业和人们的日常活动中。

SWOT作为一种有效的评估方法，可以作为一种了解企业本身的优势、弱势、机会、风险的重要理论工具，并且可以根据环境的变化来调整企业的策略和资源，以实现企业的发展目标。

企业目标的达成在很大程度上依靠企业的策略作保障，针对企业现有的内外环境与条件的变化，要即时对那些可能对企业产生冲击的因素加以评估。

SWOT分析法在企业发展策略领域的运用，可以使管理者很好地把握企业的发展方向，并随时调整企业的经营重点。它有效地降低了因不确定因素而带来的损失，使企业能够很好地发挥自己的优势，取得市场的主动权。

在企业发展策略领域运用SWOT分析法，分以下四个方面：

——在外部机会良好、内部条件有利的情况下，可以采取增长型战略，如开发市场、增加产量等措施，从而紧紧抓住企业这一发展的绝好机会。

——在面临外部机会，内部却受劣势限制的情况下，可以采取扭转型战略，设法清除内部不利的条件，尽快形成利用外部环境的能力。

——在内外皆弱的情况下，应采取防御型战略，设法避开威胁、消除劣势。

——在外弱内强的情况下，宜采用多种经营策略，使自己的优势得到更加充分的发挥。

所以，企划人员在运用 SWOT 分析法时，最好将企业的背景资料置于一个整合的环境中进行比较分析，以防止出现因用个别代替整体而得出错误的结论。

麦肯锡 7S 模型

追求卓越

从第二次世界大战到 20 世纪 70 年代末，整个美国的管理思想对企业发展的影响可以这样来描述：

结构紧随着战略，即只要把战略计划写在纸上，正确的组织结构就会轻而易举地产生，剩下来的就是调动人的积极性来组织实施，从而实现组织的战略目标。

这是一幅非常美妙的图画，再加上第二次世界大战后整个国际形势对美国极其有利，所以美国的企业基本上是沿着这个思路发展的。

但是，到了 20 世纪七八十年代，美国经济增长出现停滞、失业率猛增的现象，管理学界盛行 "日本第一" "Z 理论" "日本经营的艺术" 等说法。美国的管理学家开始努力寻找适合于本国企业发展的秘诀。

这时，两位斯坦福大学的管理硕士——汤姆·彼得斯和罗伯特·沃特曼，取得了管理学上的重要突破。由于长期服务于美国著名的麦肯锡管理咨询公司，他们访问了美国历史上最悠久、最优秀的60多家大公司。在这之后，他们又以获利能力和成长速度为准则，选出了40多家杰出的模范公司，其中包括 IBM、德州仪器、惠普、麦当劳、柯达、杜邦等各个行业中的佼佼者。

两位管理学家以麦肯锡公司设计的企业组织七要素（简称 7S 模型）为框架，对这些优秀的企业进行了深入的调查，并与商学院的教授进行讨论，总结了这些成功企业的一些共同特点。他们把这些共同特点编写成了《追求卓越——美国企业成功的秘诀》一书。该书的出版使美国人，尤其是美国企业人士，重新树起已经失落的信心。

所谓的企业组织七要素，首先是由美国管理学家理查德·帕斯卡尔和安东尼·阿索斯于1981年提出的。该模式认为，一个企业的发展受7个"S"影响，它们分别是战略、结构、制度、人员、作风、技能和最高目标（这7个概念的英文表述均是"S"打头，故称"7S"），其中战略和结构是硬件，其他五项是软件。

"当7个指针都指着同一方向时，你看到的就是一个组织有序的公司。"这就是 7S 管理模型所追求的最高境界。

麦肯锡公司的创始人麦肯锡曾是芝加哥大学会计学教授，也是企业科学管理的倡导者，泰罗的科学管理理论对他管理思想的形成有着重要的影响。因此，麦肯锡公司的管理思想有着深刻的思想渊源和灵魂，而麦肯锡的 7S 模型就是其管理思想的集中表现。

软硬兼施

7S 管理模式的核心内容就是"系统性思维"，即企业在发展过程中必须全面考虑各方面的情况，他们是：

☆结构（Structure）；

☆制度（System）；

☆作风（Style）；

☆人员（Staff）；

☆技能（Skill）；

☆战略（Strategy）；

☆最高目标（Shared Vision）。

也就是说，企业仅明确了自己的战略，以及一些深思熟虑的行动计划是根本行不通的，因为企业难免会在战略执行过程中产生失误。因此，战略只不过是其中的一个要素而已。

在 7S 模型中，企业成功的"硬件"通常是指战略、结构和制度，"软件"即指作风、人员、技能和最高目标。

麦肯锡的 7S 模型给世界各国的经理们提出的最重要忠告就是，软件和硬件同样重要。只有在软、硬两方面都能很好协调的情况下，才能保证企业人力资源管理战略的有效实施。

汤姆·彼得斯和罗伯特·沃特曼指出，一些公司长期以来一直忽略人性，如非理性、固执、直觉、喜欢非正式的组织等等，其实这些都可以加以管理，这些都直接关系到各公司的成败，是不可以轻易忽略的。

战略制胜

战略是企业根据内外环境及可取得的资源，对企业的发展目标、达到目标的途径和手段进行的一种总体策划。它是企业经营思想的集中体现，是一系列战略决策的结果，同时又是制定企业规划和计划的基础。

企业作为独立的商品生产者和经营者，是市场的主体。为了能更好地适应环境的发展变化，首先必须对环境做出正确的判断，进而采取相应措施，因此，我们必须要求企业对自身未来的经营活动做出总体的规划，制定出企业战略。

美国管理学家威廉·纽曼和詹姆斯·洛根的研究表明，企业战略应当注意企业的基本方向、主要步骤和压倒一切的优先项目，这些项目包括：

——确定企业的产品、市场领域；

——确保企业具有与众不同的优势；

——确定主要步骤；

——建立用以衡量成效的标准。

企业战略是为企业长期的经营活动确定方向，以实现企业与环境相适应的基本对策。它包括战略目标、战略步骤、战略重点和战略实施等内容，并以战略规划的形式表现出来。

企业战略的类型，如果按照其内容和范围划分，可分为企业总体战略、职能战略（如人事战略、生产战略、销售战略、技术战略、财务战略等）和方法手段战略（含研究开发战略、协作战略、合并和收买战略、集团化战略、分散化战略）。

若按其特点来划分，可分为扩张型战略、稳定型战略、收缩型战略和混合型战略。这些战略类型都或多或少地影响企业的发展。

企业战略这一管理理论在 20 世纪 50 年代到 60 年代就已形成，在社会经济、技术、产品和市场竞争的推动下，发达国家的企业经营者不断总结自己经营管理的实践经验，逐渐把军事上的战略思想运用到企业经营中去。

1947 年美国企业制定发展战略的只有 20%，而 1970 年则达到了 100%。日本一家机构在 1967 年曾进行过专门调查，在 80 家日本大公司中，99% 有战略规划。

美国的一项调查表明，有 90% 以上的企业家认为企业经营过程中最耗时、最为关键、最为困难的就是制定战略规划。可见，战略已经成为企业取得成功必不可少的重要因素，企业的经营已经进入了"战略制胜"的时代。

美国企业的经营管理，先后经历了从生产管理、经营管理到战略管理三个阶段。在进行战略管理的过程中，不但要注重企业战略的制定过程，也要注重企业战略的实施过程。

制定企业的战略就意味着确立了企业的经营哲学，也使企业员工在经营活动中有了共同的理想、目标和语言，从而使各个部门和单位之间的协调和沟通变得更加容易。企业战略的制定主要是由最高领导者结合环境的情况，在长期经营实践的基础上制定的。如果领导者对长期战略坚持不懈，就能对事业的发展提供可靠的保障。

比如，麦克唐纳快餐公司确立了"质量、服务、清洁、价值"的经营哲学，并长期地坚持不懈，从而使餐馆以高质量的快餐和优质的服务闻名于世。

初步选定企业的战略方案后，就要对战略加以组织实施。其管理过程主要包括以下两个方面：

——调整企业组织系统，因为企业战略是通过企业组织系统来实施的。

——建立战略实施的保障系统，以激励全体员工团结一致，实现战略目标。

晴天打伞

战略需要健全的组织结构来保证实施，组织结构是为战略实施服务的，不同的战略需要不同的组织结构与之对应。

在20世纪50年代末期，通用电气实行的是简单的事业部制，但在此同时，很多企业已经开始从事大规模的战略经营了。

到了60年代，该公司的销售额大幅度提高，而行政管理却跟不上，造成多种经营失控，影响了利润的增长。

在70年代初，企业重新设计了组织结构，采用了战略经营单位结构，使行政管理滞后的问题得到了解决，妥善地控制了多种经营，利润也相应地得到了提高。

组织结构是企业的组织意义和组织机制赖以生存的基础，简单地说，它是企业组织的构成形式。企业的目标、协同、人员、职位、相互关系、信息等组织要素都是组织结构的重要内容。它将企业的目标任务分解到职位，再把职位综合到部门，由众多的部门组成垂直的权力系统和水平分工协作的一个有机整体。

由此看出，企业组织结构一定要适应实施企业战略的需要，它是企业战略贯彻实施的组织保证。另外，两位学者在研究中发现"简单明了"是美国成功企业的组织特点，这些企业中上层的管理人员很少，常常可以看到一个不到100名管理人员的公司在经营上百亿美元的事业。

企业的发展和战略实施需要完善的制度作为保障，而实际上，各项制度又是企业精神和战略思想的具体体现。

所以，在战略实施过程中，应制定与战略思想相一致的制度体系，要防止制度的不配套、不协调，更要避免背离战略的制度出现。

在美国，3M公司是最具创新精神的公司。在3M，一个人只要参加新产品的开发工作，他在公司里的职位和薪酬就会水涨船高，即使一开始他只是一个生产一线的工程师，如果产品打入市场，他就可以提升为产品工程师，如果产品的年销售额达到500万美元时，他就可以成为产品线经理。这种制度极大地激发了员工创新的积极性，从而促进了企业的发展。

以人为本

许多企业家发现，杰出企业都呈现出既中央集权又地方分权的管理风格，他们让生产部门和产品开发部门享有充分自主权，同时又固执地遵守着几项陈旧的价值观。

因此，人力资源部门必须把建设与弘扬企业的风格当作自己的责任。即人力资源部门应该成为企业中的一面旗帜——把自己定位于企业风格的建设者和推动者。

由于战略是企业发展的指导思想，只有企业的所有员工都领会了这种思想并用其指导实际行动时，战略才可能得到成功的实施。因此，战略研究不能只停留在企业高层管理者和战略研究人员这一层次上，而应该让执行战略的所有人员都能够了解企业的整个战略意图。

企业成员共同的价值观念具有导向、约束、激励及辐射作用，可以激发全体员工的工作积极性，统一企业成员的意志和目标，齐心协力地为实现这些目标而努力奋斗。这就需要企业在准备战略实施时，通过各种手段进行宣传，使企业的所有成员都能够理解它、掌握它，并用它来指导自己的行动。

日本在经济管理方面的一个重要经验就是注重领导层和执行层的沟通，使得高层制定的战略能够得到顺利、迅速地实施。

同时，战略实施还需要有充足的人力资源，有时战略实施的成败取决于有无合适的人员去实施。

实践表明，战略实施的关键是人力准备。IBM遵循的一个重要原则就是尊重个人，并且花很多时间来执行这个原则。因为，他们坚信，不论员工职位高低，都是产生效能的源泉。

所以，企业在做好组织设计的同时，需要配备符合战略思想的员工队伍，将他们培训好，分配给他们适当的工作，使企业各层次人员都树立起与企业的战略相适应的思想观念和工作作风。

如 IBM 的销售工程师技术水平都很高，可以帮助顾客解决技术上的难题；迪斯尼的员工生活态度都十分乐观，他们为顾客带来了欢乐；麦当劳的员工都十分有礼貌，他们为顾客提供微笑的服务。

执行公司战略的过程中，需要员工掌握一些必备的技能，这些技能主要通过严格、有效、系统的培训而形成。松下幸之助认为，每个人只有经过严格的训练，才可能成为优秀的人才。在运动场上驰骋的健将们，他们惊人的体质和技术不是凭空而来的，而是经过长期严格训练的结果。如果不接受训练，一个人即使有再好的天赋，也可能无从发挥。

因此，人力资源管理必须全面考虑企业的各种因素，坚持在"软硬"以及相关的 7 个要素上下功夫，使之有效协调，成功实施。

80/20 法则

资源（人、货物、时间、技能，或任何有生产力的东西）总是会自我调整，以求将工作量减少，其中大约 20%～30% 的资源，与 70%～80% 的资源活动有关。

——吉普夫（哈佛大学教授、经济学家）

无处不在的 80/20

1897 年，意大利经济学者帕累托（Vilfredo Pareto）在他所从事的经济学研究中偶然注意到 19 世纪英国人的财富和收益模式。

在调查取样中，他发现大部分的所得财富，流向了少数人手里。在今天看来，这本身并没有什么值得大惊小怪的，但他同时还发现他认为非常重要的两件事情。其中一件是：某一个族群占总人口数的百分比，和该族群所享有的总收入或财富之间，有一种微妙的不平衡关系。

帕累托真正感到兴奋的是另一发现，那就是这种不平衡的模式会重复出现，让他在不同时期或不同国度都见到过这种现象。不论是早期的英国，还是其他国家，甚至从早期的资料中，他都发现这相同的模式一再出现，而且在数学上呈现出一种稳定的关系。

从帕累托的研究中归纳出这样一个结论，即如果 20% 的人口享有 80% 的财富，那么就可以预测，其中 10% 的人拥有约 65% 的财富，而 50% 的财富，是由 5% 的人所拥有。在这里，重要的不是百分比，而是一项事实：财富在人口的分配中是不平衡的，这是可预测的事实。

因此，80/20 成了这种不平衡关系的简称，不管结果是不是恰好为 80/20（就统计来说，精确的 80/20 关系不太可能出现），习惯上，80/20 讨论的是顶端 20% 而非底部的 20%。

今天人们所熟知的 80/20 法则，是一种量化的实证法，用以计量投入和产出之间可能存在的关系。后人对于他这项发现给予了不同的命名，例如帕累托法则、帕累托定律、80/20 定律、最省力的法则、不平衡原则等。以上的这些名称，在本章中一律称为 80/20 法则。

80/20 法则主张：一个小的诱因、投入和努力，通常可以产生大的结果、产出或酬劳。就字面意义来看，即指你所有完成的工作里 80% 的成果，来自你所付出的 20%。因此，对所有实际的目标，我们 4/5 的努力——也就是大部分付出的努力，只与成果有一点点的关系。这种情况看似有违常理，却非常普通。

所以，80/20 法则指出，在原因和结果、投入和产出，以及努力和报酬之间，原本就存在一种不平衡。80/20 法则提供这个不平衡现象一个非常好的衡量标准：80% 的产出，来自 20% 的投入；80% 的结果，归结于 20% 的起因；80%

的成绩，归功于 20% 的努力。

在商业世界和人们的日常生活中，到处呈现出许多 80/20 法则的现象，只要细心观察你就会发现：

——20% 的产品或 20% 的客户，涵盖了企业约 80% 的营业额。

——20% 的罪犯占所有犯罪行为的 80%。

——20% 的汽车狂人，引起 80% 的交通事故。

——20% 的已婚者，占离婚人口的 80%（那些不断再婚又再离婚的人，扭曲了统计数字）。

——20% 的孩子，享受 80% 的高水准教育。

——在家中，20% 的地毯面积可能有 80% 的磨损。80% 的时间里，你穿的是你所有衣服的 20%。如果你有一辆摩托车，出现的 80% 的故障，是由 20% 的原因造成的。

——80% 的能源浪费在燃烧上，只有其中的 20% 可以应用到车辆中，而这 20% 的投入，却回报以 100% 的产出！

——世界上大约 80% 的资源，是由世界上 15% 的人口所消耗的。

——世界财富的 80%，为 25% 的人所拥有。

——在一个国家的医疗体系中，20% 的人口与 20% 的疾病，会消耗 80% 的医疗资源。

总而言之，在原因和结果、投入和产出、努力和报酬之间存在的这种不平衡关系，可以分为两种不同的类型——多数，它们只能造成少许的影响；少数，它们造成主要的、重大的影响。

一般情况下，大的产出或报酬是由少数的原因、投入和努力所产生的。原因与结果、投入与产出，或努力与报酬之间的关系，往往存在着一种不平衡。若从数学方面考虑这种不平衡，得到的基准线是一个 80/20 关系：结果、产出或报酬的 80%，取决于 20% 的原因、投入或努力。

种种事例都表明，80/20 法则时时刻刻都在影响着我们的生活，然而人们对此却知之甚少。

动了手脚的骰子

约瑟夫·福特说过："上帝和整个宇宙玩骰子，但是这些骰子是被动了手脚的。我们的主要目的是要去弄清楚，他是用什么手法动了手脚的，我们又应如何使用这些手法，以达到自己的目的。"

尽管帕累托首先发现了 80/20 法则，并且深知其重要性，但是由于自身的一些局限性，这一法则在当时并没有得到充分的重视。尽管当时也有其他的一些经济学者，特别是美国的学者意识到它的重要性，但直到第二次世界大战之后，才有两位实力相当的先驱者开始运用 80/20 法则，并引起了世界轰动。

吉普夫，哈佛大学的语言教授。1949 年，他发现了"最省力法则"。从某种意义上讲，"最省力法则"实际上是对帕累托法则的进一步发展与阐释。吉普夫法则认为：资源（人、货物、时间、技能，或任何有生产力的东西）总是会自我调整，以求将工作量减少，其中大约 20% ~ 30% 的资源，与 70% ~ 80% 的资源活动有关。

吉普夫教授通过人口统计、书籍、文献与工业行为，来证明这种一致且重复出现的不平衡现象。例如，他分析了1931年费城20个街区内发出的结婚证书，发现其中70%的婚姻，产生于该街区中30%的人身上。

另外，他还总结出了高效的办公原则：使用频率较高的东西比较靠近我们。而聪明的秘书早就知道，常用的档案不必归档！

80/20法则的另一位先驱是伟大的质量导师，罗马尼亚裔的美国工程师朱伦，他是20世纪50～90年代质量革命的幕后功臣，在他口中，80/20法则有时被称为"帕累托法则"，或"关键少数规则"。

朱伦在1924年加入西屋电器（Western Electric），西屋是贝尔电话公司负责制造的分部。他担任公司的工业工程师，并且通过自己的研究和分析，发现了产品品质中所隐含的80/20法则。

在他的工作过程中，他广泛使用了80/20法则，并辅以其他的统计方法，用以提升产业与生活消费品的可信度与价值。朱伦的《质量管理手册》一书在1951年出版，这是一本划时代的著作，在书中他大加颂扬了80/20法则。

数以千计的80/20法则例子在我们周围发生，每一则事例，都给我们以深刻的启示——人类的每一次成长与进步，都要靠我们去积极地把握！

朱伦同时发现，财富分配也是不均的。这在其他的许多事例中得到证实：如犯罪行为在犯罪分子身上的分布，意外事件在危险因素中的分布等等。同时这种不均等分布法则，还能解释其他各种不平衡的分布。

当时，美国大部分的企业家都对朱伦的理论缺乏兴趣。1953 年，朱伦应邀前往日本演讲，获得热烈的反响。于是他留住日本，与几家日本公司合作，并将其理论应用到生活消费品的价值与品质的提高上。1970 年后，日本经济高速发展，美国经济受到一定程度的威胁，朱伦才受到西方的尊重。于是他重返故土，并为美国工业的改革做出了巨大贡献。

在朱伦的倡导和实践下，80/20 法则开始成为全球品质革命的中心思想。

信息革命的铁律

在实施 80/20 法则上，著名的电脑公司 IBM 是最早也是最成功的一家公司。由于这种法则的应用，在 20 世纪 60 ~ 70 年代，大部分电脑系统专家都开始重视 80/20 法则。1963 年，IBM 发现，一部电脑约 80% 的执行时间，是花在 20% 的执行指令上，所以公司立刻重新编写它的操作代码，并取得成功。因此，比起其他竞争者的电脑，IBM 电脑更高效，更快捷。

其他开发个人电脑硬件和软件的公司，如苹果、莲花和微软，也纷纷运用 80/20 法则来提升自己电脑的品质，以吸引新一代客户——包括了原先对电脑敬而远之的"电脑盲"。

20 世纪 60 年代初，由电脑业带动的信息革命，极大地提高了企业的工作效率。同时，它有助于改变企业的内在管理品质，从某种意义上讲，它改变了整个社会的品质。因此，80/20 法则是信息革命的关键力量，过去是，现在是，未来依然是。

也许是因为与品质革命几乎处于同一时期，所以，信息革命中的电脑和软件专业人员一般都熟悉 80/20 法则，并且都善于将其应用到具体实践当中。

渐渐的，软件业在运用 80/20 法则的同时也得到了进一步的发展。1994 年发明 RISC 就是一例证，RISC 是以 80/20 法则的某一种变化为基础的。这条法则假定，大部分的软件花了 80% 的时间执行 20% 的程序。RISC 处理器通过删除不重要的 80%，来让其余的 20% 达到最佳表现，并保持在一个晶片内，借此节省成本。RISC 为软件所作的贡献，相当于 RISC（从前的主要系统）在硬件上的贡献。

一位开发者说："企业界长期以来一直遵守 80/20 法则。软件界更是如此，80% 的产品只施展出它 20% 的效用。"

信息革命使用了 80/20 法则中的"选择"和"单一"两个重要的概念。正如一位信息业的主管所表述："不要考虑太多！别第一步就计划到九重天上去。因为投资的报酬方式往往会遵守 80/20 规则，80% 的效益，会在整个系统最简单的 20% 中产生，最后 20% 的好处，则来自系统中最复杂的 80%。"

麦金塔在发展麦金塔牛顿掌上型电脑时，就运用了 80/20 法则。设计牛顿掌上型电脑的工程师，正是运用了稍微修正过的 80/20 法则，便可以使一个人用 0.1% 的词汇量，来完成掌上型电脑 50% 的功能。

无论你要的是哪一种转变，有效的信息处理，都该把重心集中在 20％的或更少的主要需求上。

发现 20％的核心商品

日常生活中，如果 80％的人习惯用右手，而 20％的人习惯用左手，这与 80/20 法则没有任何关系，不能用 80/20 来衡量。应用 80/20 法则时，必须有两组资料，两组资料的总数各为 100％，其中一组所测量的值，是一个由不同事物所导致的变数。体现在产品和利润的关系上，就应该统计每一种产品在前一段时间的表现，即扣除了所有的成本后，各产品创造出的利润。这就需要你知道整个公司的全部成本，并把日常费用分摊给每一种产品。

如果依照营业额的百分比来分配，就会产生误差。因为以产品的价值而言，产品生产的难易程度不同，销售员花在每个产品上的时间不同，对产品推广宣传的付出也有所不同。

这样，当把日常费用分摊在每一种产品上，你就会发现，有些产品（或者说 20％）虽然只占营业额的少数，但利润却非常可观；大部分（或者说 80％）产品的利润十分微薄；还有一些产品，在分摊了费用之后则会出现亏损现象。

对于从事商品销售的公司，80/20 法则也同样适用。

因此，公司应该善于发现 20％的核心商品，在那些能创造高利润的产品上下功夫。简单地说，就是发现我们经营中的招牌产品和占据着大比重营业额的商品。

但并不是说，只要牢固掌握了这 20％核心商品，余下的就可以无所谓地随便对待。80/20 只是让你更多地关注重要核心商品，如果不知道这一经营规则，很有可能做出盲目发售新商品的愚蠢行为。

当然，它们之间精确的关系可能不是80/20，80/20只是基准点，方便比喻，也有利于假设。80加上20等于100，这样的数字不但直观，而且易于记忆。实际上，数目总和不一定是100。80％的利润也可能来自35％的产品，或者来自20％的产品，甚至只是10％的产品。总之，这些数字都呈现出一种不平衡。

即使真正代表其关系的数字可能有细微的偏差，然而，通过统计分析得出，在大多数情况下，投入与产出之间绝非我们想象的50/50，而多半还是趋向于80/20。

若要使自己的企业健康成长、稳步提高，公司经营者必须采取80/20的重点原理，时刻关注少数占公司销售额80％的核心产品。同时要顾及某些在未来可能对公司产生较大影响的产品。

留住20％的关键顾客

80/20法则认为，80％的销售额来自20％的顾客；80％的利润来自20％的顾客。它们之间存在着一种固有的不平衡关系，当把80/20法则运用到市场营销中，我们就可以以此来确立一些更为有效的营销策略。

如果你发现，自己公司的80％的利润来自20％的顾客，你就会想方设法扩大对那20％的顾客的影响力。这样做，不但比把注意力平均分散于所有的顾客更容易，也更值得。

而那些营销新手却认为，只要努力付出就可以得到回报。其实，这只是他们单纯的白日梦。

对于一个企业，每位顾客的贡献是不一样的，往往是20%的顾客为企业创造了大量的利润。因此，在你所从事的营销活动中，绝对不可以将自己的努力平均分摊在每一位顾客身上，"一视同仁"是不可取的。最明智的做法是：充分关注数量不多，但作用很大的顾客，将有限的精力充分投入到他们身上，从而取得事半功倍的效果。

现在，最主要的是保住顾客中关键的20%，以及如何把这20%的关键顾客变为我们的常客。

对于我们来说，确保顾客中关键人物的20%就是一个大目标。然而，如果没有切实可行的具体行动，这也很容易变成一纸空谈。其中最重要的事情就是要加入具体的数字和数据，使我们的目标形象化，具有可操作性。

有所为，有所不为

80/20管理法则的要旨在于将20%的经营要务，明确为企业经营应该关注的重要方面，从而指导企业家在经营中收拢五指捏成拳，突出重点，全力进攻，以此来牵住经营的"牛鼻子"，带动企业各项经营工作顺势而上，取得更好成效。

应当看到，80/20法则所提倡的指导思想，就是"有所为，有所不为"的经营方略。将80/20作为确定比值，本身就说明经营企业不应该面面俱到，而应侧重抓关键的人、关键的环节、关键的岗位、关键的项目。企业家要想有所建树，就必须将企业管理的注意力集中到 20% 的重点经营要务上来，采取倾斜性措施，确保重点突破，进而以重点带全面，取得企业经营的整体进步。

这一企业管理法则之所以得到国际企业界的普遍认可，就在于它用 20% 的比例，确定了经营者管理的大视野，让企业家们知道，要想使自己的经营管理能突出重点，抓出成效，就必须首先弄清楚企业中 20% 的经营骨干力量、20% 的重点产品、20% 的重点用户、20% 的重点信息以及 20% 的重点项目。从而将自己经营管理的注意力集中到这 20% 的重点经营要务上来，采取有效的措施，确保关键之处得到重点突破，进而以重点带动全面。

美国、日本的一些国际知名企业，都很注重运用 80/20 法则进行企业经营管理，不断调整和确定企业阶段性的重点经营要务，注重从 80/20 法则入手，积极思考如何采用得当的方法，使下属企业的经营重点也能间接地抓上手，抓到位，抓出成效。

正因为成功地运用了 80/20 法则，一个大规模的企业才被管理得有条不紊，并使那些重点经营要务在倾斜性管理中得到突出。

从他们成功运用 80/20 法则的经营实践中，我们应该得到两点教益：

——明确自己企业 20% 的经营要务是哪些？

——明确应该采取什么样的措施，以确保 20% 的重点经营要务取得重大突破？

库存管理的革命

随着企业的发展，产品会越来越多，同时每一项产品又都有许多变数，这样一来，势必造成存货。对于企业来说，良好的库存管理非常重要，它可以影响企业内的现金流量或利润，还可以反映公司在经营方面的潜在问题。

与 80/20 营销法则"80％的利润来自 20％的产品"一样，库存管理也无可避免地依循着 80/20 法则：一般情况下，库存产品的 80％，只占企业产品利润的 20％。而这些库存产品的 80％不仅占用了企业大量的资金，而且可能就是根本无法赢利的产品，只能够积压在仓库中，等待慢慢"消化"。

一项统计显示：一家批发商店中 20％的商品，占一天出货量的 75％，这 20％的商品，多半是批量订货，可以获得很高的利润。其他的 80％，只占一天出货量的 25％，每一个品种也只有很少的订货，根本无法获得利润。

甚至还有统计显示：某一商店内，有 0.5％的商品，占了 70％的出货量。也就是说，这 0.5％的商品，比剩余的99.5％获利还高。

因此，有了良好的库存管理，情况就很容易反映出来，管理者也可以做出相应决策，改变或者废除那些不赚钱而且出货频率太慢的货品，把它们从产品线上撤出。同时，对那些出货频率高、快速移动的商品应该尽量放置在方便进出的位置，以减少管理人员的工作量。

那些明智企业的库存管理系统关注关键的商品，他们把目光放在单纯的产品线上，以单纯的方式管理和运送货物。

把库存管理出现的问题和成本，转到供应商或顾客身上，做到零库存，一直是商家梦寐以求的目标。可喜的是，现代信息技术的发展和良好的物流体系，已经使这些设想完全变成现实。

赚钱的秘密武器

80/20 分析法在投资上的主要用处，是改善那"表现不甚佳"的只有20％产出的80％投入。例如，改善那些"较无乐趣"的休闲活动而获取更大的快乐；在教育方面，改变传统的教学方法，避免教授上课时随机向任何学生提问题，使得80％的回答往往只来自20％的学生。

在美国购物中心里，约占50％人口数的女性，却拥有70％的购买力，想要增加男性的购买力，方法是设立特别为男性服务的商店。

80/20 法则是社会进步和经济发展最大的秘密武器。80/20 法则可以用来增进大众的幸福，同时亦能创造公司财富，促使企业发展。

在日常生活中，我们随处可见大量的浪费，在大自然、在商业界、在社会中，以及在我们的生活中，种种事实都表明，80％的结果往往来自20％的原因，80％的投入，往往只造成一点儿（20％）的影响。

如果能在生活上做一番合适的安排，企业和个人成长的空间就会大为扩展。针对大自然做改善，而不去接受大多数所选择的现状，乃是科学、社会及个人进步的必经之路。

例如，公司最直接的目标，在于占有市场，赚取利润。但现实经济生活中，那些自满的企业经营者以为已接近成长的终点，悲观者则大叹受制于外在环境，无利可获，这都需要他们从中做出选择，或重新安排、改变环境。

80/20 法则相信，任何短暂的挫折背后都预示着丰厚的回报，事物总是有其进步的空间，今日的顶级表现，乃是下一成长阶段的基础。

而这样的信心，来自 80/20 式的杠杆作用力，若能用这项法则来检验经营管理的战略和策略，正确运用企业内部和外部资源，就可以大幅提高企业的效率和获利能力。

彼得原理

彼得原理是 20 世纪最深刻的社会和心理学发现，就科学史上的地位来说，劳伦斯·丁·彼得甚至可以与牛顿、哥白尼媲美。

——《纽约时报》评论

不能胜任者们的努力

劳伦斯·丁·彼得（Laurence J. Peter），1917 年生于加拿大，1957 年获美国华盛顿州立大学学士学位，6 年后又获得教育哲学博士学位。

经过多年研究，彼得发现：在一个组织中，每个人都可能被晋升到其"不能胜任"的职位。他又进一步推理：当员工到达其"不能胜任"的职位时，便会产生惰性。

他寻找到很多的例子说明那些"不能胜任"的人所干的蠢事，如公路的维护人员将被撞死的狗漆成黄色，以此作为交通警告标志；美国新泽西州丹维尔的法令规定，所有的消防栓必须在火警发生前一小时得到全面检查——天知道火警何时发生！

彼得对此深入探究：那些人干的蠢事和一再失误，原因何在？到底是那些"不能胜任者们"努力的结果，还是"低着头看天"的小丑精心导演的闹剧？他一直想不明白，更无法确定：这个世界是由一群"无能仅有诚意"的人在推动运转，还是始终有一群"聪明绝顶"的人在玩"积木"？

经过多次实验和坚持不懈地努力之后，彼得博士终于得到了两大发现：

其一，创意性的不胜任。个人经由这项创意性的不胜任之行为，得以在他胜任的职位上愉快地工作。彼得本人就善于发挥这种"创意性的不胜任"，将自己成功地留在他胜任的职位上。

其二，个人在晋升之前往往是胜任的，然后被晋升到不能胜任的职位。

今天，我们可以看到社会上发生的许多蠢事和一再的失误，都是这样造成的。为了避免本人被晋升到不能胜任的职位，我们只能巧妙地运用创意性的不胜任，将自己留在原来胜任的职位上。这不但有益于个人，同时也有益于组织和社会。

当然，从另一个角度上来说，放弃了晋升，同时也就放弃了因晋升而带来的更多的福利和利益。

由以上两点，可以很容易得出下面的结论：在层级组织里，每位员工都将晋升到自己不能胜任的阶层；层级组织的工作任务多半是由尚未到达胜任阶层的员工完成的。

具有冒犯意味的幽默

1960 年 9 月，在一次由美国联邦出资举办的研习会上，彼得博士首次公开发表了他的发现。

当时彼得博士的听众是一群负责教育研究计划的主管，因为每位参会者都已经圆满地完成提议书，每个人也都已获得提升——晋升为一项或一项以上研究计划的主管。

这些人当中有些确实具有研究的能力，但是这和他们获得的主管职位并无关联。而其他很多人并不擅于研究计划，他们只是拼命地复制一些老掉牙的统计习题。

于是，彼得博士决心向他们引介彼得原理，用来说明他们的困境。

他们听了之后，敌意、嘲笑兼而有之。

有一名年轻的统计员捧腹大笑，并从椅子上跌下来。他向别人解释说，他的强烈反应是被彼得博士具有冒犯意味的幽默演说所惹起的。

而在同一时刻，他却没有注意到区域研究主管——他的顶头上司的脸一阵红一阵紫。

当时一位著名的记者胡尔对彼得原理很感兴趣，他促使彼得博士把天才思想写成了《彼得原理》一书。

但《彼得原理》一书的出版却颇费周折，彼得博士一共收到 14 位不称职编辑的退稿信。于是他决定采用迂回法，在他的书中称为"彼得迂回法"，以促成出版。

他和胡尔先生先后在报纸杂志上撰文介绍彼得原理，读者的反响十分强烈，数月之内，彼得博士收到400多封读者来信，邀请他演讲和约稿的人也蜂拥而至。

在文章引起轰动效应之后，终于有出版商找彼得博士商谈出版事宜。

该书于1969年2月出版后，渐渐登上非小说类畅销书排行榜的第一名，并一直占据榜首位置，持续时间长达20周。

至今，《彼得原理》已被翻译成几十种语言，在世界各地热销。

更不可思议的是，该书成为许多大学的必读书籍，并成为许多研讨会争相讨论的主题。

此外，该书还促成了几个严肃的研究计划，调查彼得原理的有效性如何，结果每项研究都证实彼得博士的观点是正确无误的。

彼得博士对"彼得原理"的诠释，成为21世纪以来最具洞察力的社会、心理领域的创见。

爬不完的晋升梯子

现代的层级组织制度，总是从下面来补充由晋升、辞职、退休、解雇和死亡带来的空缺。人们一直把层级组织中的晋升看作是"攀登成功之梯"或"爬上权力之梯"。

层级组织通常被比喻为梯子，因为梯子和层级组织确有一些共同的特点。例如，梯子是让人向上爬的，而且爬得越高，危险越大。

——一个收入固定的人，平时能合理地掌握他的钱财。

可一旦当他继承了一笔巨额财产后，他的理财能力就会变得无法胜任。

——在军队或政府层级组织中，一个称职的随从晋升为领导时，也会突然变得不称职。

——称职的科学家当被提升为研究院院长时，也可能会变成一个不称职的管理者。

以上各类晋升，之所以产生不胜任，是因为它需要被提升者具备他以前所在职位所不需要的新能力。

一个一向负责质量工作的雇员，可能会被提升到一个他比较胜任的督监之职。然后，他或许还能升任管理方面的领导，虽然干起来有点吃力，但是他努力工作，如果层级组织的其他条件有利的话，他还可能达到一种不称职状态——做个部门经理，这可能是他所能爬上的最高一层阶梯了。

这时，他需要花费大量的时间去做日常工作。如果有一群称职能干的下属的支持和帮助，他还可以勉强完成工作。

由于他看起来还算称职，加上领导者的威望，他也许会进一步得到晋升，即升任总经理——他现在已经达到了最大不称职状态。

作为一名总经理，他的主要责任是制定与公司目标和政策紧密相关的决策，从负责质量工作到应付长远的目标和更抽象的观念，他越来越感到力所难及，不仅给公司带来损失，而且给他个人造成很大的伤害。

某些人很理智地观察到了这种事实，就可能会决定退出这种激烈竞争，开始一种全新的、更有价值的生活。

今天，许多人已经开始怀疑这种"爬不完的梯子"的游戏。他们把老一辈人视为彼得原理的受害者，他们不再热衷于建立层级组织，而试着改变自己的生活方式。

不幸的是，大多数的人并没有付诸行动，而是乐此不疲。

位子越高越好吗

人们总是以为爬得越高就代表越好，可是环顾四周，我们看到，这种盲目往上爬的牺牲者比比皆是。

为了便于分析，我们把员工分成三级：胜任、适度胜任以及不胜任。

奥克曼是莱姆汽修公司的杰出技师，他对目前的职位相当满意，因为不需要做太多文案工作。因此，当公司有意调升他做行政工作时，他很想予以回绝。

奥克曼的太太艾玛，是当地妇女协进会的活跃会员，她鼓励先生接受升迁机会。如果奥克曼升官，全家的社会地位、经济能力也会各晋一级。如此一来，她就可以出马竞选妇女协进会的主席，也有能力换部新车、添购新装，还可以为儿子买辆迷你摩托车了。

奥克曼并不情愿用目前的工作，去换办公室里枯燥乏味的工作。但在艾玛的劝服与唠叨之下，他终于屈服了。

升任六个月之后，奥克曼得了胃溃疡，医生告诫他必须滴酒不沾。

艾玛也开始指控奥克曼和新来的秘书有染，并且把失去主席头衔的责任全部推到他身上。

奥克曼的工作时间冗长不堪，却毫无成就感，因此下班回家后就变得脾气暴躁。由于彼此不停地指责和争吵，奥克曼夫妇的婚姻彻底失败了。

另外一个相反的例子是这样的。

哈里斯是奥克曼的同事，他也是莱姆公司的优秀技师，而且老板也打算提升他。

哈里斯的太太莉莎非常了解先生很喜欢目前的工作，他一定不愿意花更多的时间坐办公室，负更多责任。

莉莎没有强迫哈里斯去做一个他不喜欢的工作。

因此，哈里斯继续当一名技师，将胃溃疡留给奥克曼独享。

哈里斯一直保持开朗的个性，在社区里是个广受欢迎的人物，工作之余，他还担任社区里青年团体的领袖。邻居的车如果需要修理，一定都送到莱姆公司，以回报哈里斯平时对公益事业的热心。

哈里斯的老板知道他是公司不可或缺的宝贵资产，所以为他提供了优厚的红利、稳定的工作和一切制度内允许的薪水。

于是，哈里斯买了一辆新车，为莉莎添购新装，也为儿子买了一辆自行车和棒球手套。

哈里斯一家过着舒适美满的生活，他们夫妇幸福的婚姻也令亲朋好友非常羡慕。他们在邻里间享有的美誉，这正是奥克曼太太梦寐以求的理想。

每个层级系统都由不同的层级或类别组成，系统中的个体则分别隶属于各个层级。如果一个人的能力很强，他就会对人类社会产生正面的贡献，杰出的表现又使他获得升迁的机会，这样他就会从原来胜任的层级晋升到自己无法胜任的层级。

世界上每一种工作，都会碰到无法胜任的人。只要给予充分的时间与升迁机会，这个能力不足的人终究会被调到一个不胜任的职务上，他会在这个位子上原地踏步，把工作搞得一塌糊涂。他的表现不仅会打击同事的士气，而且还会严重妨害整个组织的效率。

更为重要的是，这些"南郭先生"们自己也会掉进一个自寻烦恼的陷阱，而且无法自拔，如同上述的奥克曼一样。

排队木偶与体系萧条

我们把目光从个人移到组织，就会发现，每一个新兴的层级体系，刚开始都颇有一番作为，最后却不免变成暮气沉沉的官僚机构。

每个机构在步入穷途末路之前，都曾经有过一段黄金岁月。邮政与电报机构、铁路局、电信事业、航空公司、天然气公司、电力公司等机构在开始起步和发展阶段，都曾经辉煌一时。

在一个新兴体系中，因为成长迅速、朝气蓬勃、创意不断，所以会表现出高度的效率，新兴机构的机动灵活性使员工的才智也得以运用到适当的地方。

在这期间，每位员工的工作表现，都会对各自职位的业绩有所贡献。如果一名员工的能力一直很强，那么他的业绩也会持续成长。如果体系中大部分职位均保持良好的业绩，那么整个体系的业绩也会随之升高。这就是大多数机构早期的发展状况。

当体系渐趋成熟时，彼得原理提到的症状便陆续出现。官僚污染限制了优秀员工的表现，却保证了无能员工登上更高一级的职位。每一名无能员工都会对工作带来负面的影响，一群无能员工便会使工作呈紊乱状态。过不了多久，整个体系会步入萧条期，我们称这种现象为"体系萧条"。

适应环境、发挥才智及选择的自由，都是人性的特点，但"体系萧条"使人性越来越难以彰显。

人类行为深受所属层级体系的限制与操纵。人类不像毛毛虫，却比较像木偶。木偶的外形酷似人类，而其行动则完全受外力控制。

"体系萧条"下的可怜人类，可以用"排队木偶"一词来形容，他们会经过生存、打卡、填表、执行无意义的仪式等阶段。今天，"排队木偶"已经形成一股庞大的社会势力。他们包括普通人、沉默的大众、多数人、一般人或是消费者。

"排队木偶"是功能性的人，他对工作的内涵漠不关心，却对发明更新、更好的官僚程序极度热衷。他致力于研究行使职务的方法，而非发挥职务的实质内涵。

"排队木偶"非常注重个人归属感。从较广的层面来看，他会对自己的国籍、宗教或隶属于大多数人的团体而骄傲不已。

从中级管理阶层来看，他可能属于庞大的机构、商业俱乐部和兄弟会社团。从高级管理阶层来看，他特别喜爱加入私人俱乐部或成为高级机构的会员。

如果"排队木偶"的地位获得提升，他就必须被迫面对一个痛苦的抉择——是做一个有所作为的木偶还是做一个不胜任的可怜虫。

"排队木偶"当权时，会用本身有限的理解力诠释社会现象。他常说："我们可以做得到，所以让我们放手去做。"他从事太空探险，因为所有必要的科技一应俱全；他发明了能几百次消灭世界人口的核武器；他制造了上百罐的细菌，每罐都具有消灭 10 亿人的威力，而可能成为受害者的全世界人口也不过 60 亿而已。

是什么原因造成这种现象？因为他受到精神压抑的煎熬，从而导致感情的匮乏。尽管他深受其害，却不会针对问题提出有效的解决方案，因为任何对策都会牵涉到责任和人道价值。

他所面临的问题，不是在枪或奶油之间做选择，也不是决定是否要修建造福百万市民的快运系统，或者斥资 30 亿美元发展登陆月球的计划，而是他走不出层级组织的困境，他被无意识的人们推动着盲目向前。

庸人们的天堂

许多人变成"排队木偶"后，丝毫没有危机意识，他们继续沉溺于排队的行为模式。教育界、法律界、产业界、政府部门等都在崇尚平庸，个人贡献不复存在，平庸成为流行时尚，并进而成为典范作风。由平庸人领导的"平庸社会"

都由"排队木偶"全权管理。

可是有些忧心忡忡的人，却因为他们的觉醒而受痛苦。这些不适应环境的人大声疾呼，倡导变革，可是沉默的大众都已成为无可救药的"跟从癖"。

"跟从癖"是一没有个性特征的标准单位，他是大众口味的典型代表，他是大众文化、大众风尚、大众道德的一个组成部分。

技术创造了一个没有个性的标准社会，免除了跟从癖的责任，使他们不再需要做决策，也使他们觉得只要保持他们的跟随行为，就可以安然无事地接受教育、法律、产品和政府的平庸。

跟从癖对技术的巨大进步深信不疑。他被汽车、冰箱或其他用品上的电镀装饰迷住了。作为一个消费者，他觉得自己是进步的促成者之一。他参与重大事件，而且以登陆太空计划之类的成功而自豪，虽然他与这些成功没有一点关系，对它们也只是一知半解。

如果不加限制，跟从癖的泛滥最终将腐蚀整个社会的结构，形成一种万马齐喑的局面。

与跟从癖截然不同的另一个典型是"人道主义者"（humanist），他的特质是培养精神生活、仁爱与自我实现。这种人充分发挥自己的潜能，从创意、自信、才干中获得满足。

如果每个人都努力做一个人道主义者，我们不但可以把自己从不称职中解救出来，而且还可以扭转正在逐步升级的体系的萧条现象。

平庸至上的社会

理想的"排队木偶"被有系统地剥夺了想象力、创造力、天赋、梦想和个人特色。

自从进入公立学校开始，他就被灌输不同学科的知识，并用这些知识来处理生活问题。从这种教育制度出来的人，都将成为平庸社会中机械化的角色。

当他一旦进入"平庸社会"之后，便被排山倒海般的势力压迫着，内心残存的真实感情无法忠实地表达。剥夺个性的机械化工作方式，会使他进一步丧失自我。最后，他只有公式化地扮演好"排队木偶"的角色，才能得到满足感。

在平庸至上的社会中，一切崇尚大众化、通俗化，这个风气使整个社会品位低下，产品品质也不再精良。

在平庸至上的社会中，行政组织内的各个部门，都有自我膨胀、敷衍了事的趋势，组织内的法则、规定和条例不但钳制了个人行动，也严重侵犯了个人生活。

于是，员工们开始感染一种病态心理，他们的安全感越来越依赖法则、规定、惯例和有关他们职务的记录。渐渐地，他们便显露出无知、刻板甚至恶毒的组织偏执狂的特征。他们极度重视组织内部的结构、程序与形式，对工作表现或公共服务的品质与效率反而漠不关心。

"平庸社会"对官员施压，要求他们以正确的方法、小心谨慎的态度，维护组织中的各种惯例。于是他们一味墨守僵化的官场作风，而且对既定程序不知变通，只是盲目服从。

由于他们将全副精力投注于服从规定之上，所以根本无暇顾及工作成绩，更别说为大众提供服务了。

在层级组织中窜起的官僚，往往得力于他们的负面特质。所谓的"能干"是指不打破常规、不兴风作浪。拖延（sluggish）、隐秘（secret）、多疑（suspicious）是官僚们的天性，也是他们的"3S"诡计。

如此，每个排队木偶就逐渐养成"只扫个人门前雪，莫管他人瓦上霜"的心态。他会汲汲营营地做好分内工作，却对所属部门、公司、社会、国家的萧条与腐化袖手旁观，不闻不问。

彼得处方

为了避免人们都成为排队木偶，扭转"体系萧条"的颓势，彼得博士提出了"彼得处方"，提供了六十五则改善生活品质的秘诀，让读者可以透过自我表现，发挥自己最大的潜能，不断向前追求更美好的生活，而非向上攀缘、爬到无法胜任的职位。

彼得处方一：彼得热身运动——重振活力在于运动。

彼得处方二：彼得静心术——每天度个心灵假期。

彼得处方三：彼得全面检视原则——列出你最喜爱的活动，有选择地实施。

彼得处方四：彼得洁净计划——清除过去生活所造成的阴影。

彼得处方五：彼得追求法——做自己心目中的英雄。

彼得处方六：彼得骄傲感——时时犒赏自己。

彼得处方七：彼得实用主义——经常为他人服务。

彼得处方八：彼得座右铭——再度肯定自己。

彼得处方九：彼得档案法——回溯个人历史。

彼得处方十：彼得探寻法——检查让你满足现状的原因。

彼得处方十一：彼得延伸法——了解在你之上职位的压力和报酬。

彼得处方十二：彼得释放法——免于不相关势力的影响。

彼得处方十三：彼得波尔卡舞曲——跨越障碍是成功第一步。

彼得处方十四：彼得人格面貌——描绘一个理想的自己。

彼得处方十五：彼得专精法——将注意力集中于自己熟练的领域。

彼得处方十六：彼得优先法——选择持久的乐趣。

彼得处方十七：彼得潜力法——找寻实际可行的替代方案。

彼得处方十八：彼得先知法——预知自己的能力范围。

彼得处方十九：彼得预测法——做事情前预测后果。

彼得处方二十：彼得可能法——可能的话，尝试转业。

彼得处方二十一：彼得收容所——拒绝"升迁"。

彼得处方二十二：彼得短剧法——如果上司逼你接受一个你兴趣缺乏的职位，你就假装能力不足。

彼得处方二十三：彼得回避法——不要对"楼上的人"太认真。

彼得处方二十四：彼得巧言法——用言语去澄清而非混

淆观念。

彼得处方二十五：彼得预想法——认清目标。

彼得处方二十六：彼得议案法——建立衡量成就的标准。

彼得处方二十七：彼得讨论会——让员工参与制订目标的过程。

彼得处方二十八：彼得政策法——使团体目标与个人目标相容。

彼得处方二十九：彼得定位法——从需求而非形式角度理解目标。

彼得处方三十：彼得实用性——订立可行的目标。

彼得处方三十一：彼得目标表达法——将目标诉诸言语和行动。

彼得处方三十二：彼得参与法——让他人参与建立阶段性目标的过程。

彼得处方三十三：彼得精确法——用明确、看得见或测得到的方式表达目标的具体内涵。

彼得处方三十四：彼得和平原则——和善地待人处事。

彼得处方三十五：彼得处理法——决策过程中运用理性。

彼得处方三十六：彼得时效法——当机立断、及时行动。

彼得处方三十七：彼得平衡法——要在恐惧与急躁中取得平衡。

彼得处方三十八：彼得精简法——以解决问题作为决策导向。

彼得处方三十九：彼得分离法——将解决方案和人事问题划分清楚。

彼得处方四十：彼得承诺原理——当心做出一个没有人赞同的决定。

彼得处方四十一：彼得效力法——勇于行动。

彼得处方四十二：彼得或然率——科学方法与预言的天赋都只能概略描绘出未来事物的轮廓。

彼得处方四十三：彼得明确法——在选择或提升每名人选之前，先认清工作性质。

彼得处方四十四：彼得证明法——购买前先试用。

彼得处方四十五：彼得预演法——暗中进行考验。

彼得处方四十六：彼得戏剧法——模拟未来状况。

彼得处方四十七：彼得请愿法——尝试临时实验性升职。

彼得处方四十八：彼得宣导法——培养新的胜任人选。

彼得处方四十九：彼得理解法——用"第三只"耳朵倾听。

彼得处方五十：彼得教学法——强化孩子所有合乎人道的行为。

彼得处方五十一：彼得配对法——让有效的强化因子和预期产生的强化因子配对出现。

彼得处方五十二：彼得薪资法——只要表现优异就能获得薪资。

彼得处方五十三：彼得升迁法——当升迁人选足以胜任新职位时，他才会将升迁视为一种报酬。

彼得处方五十四：彼得地位法——有系统地提高优秀员工所在职务的地位，以资鼓励。

彼得处方五十五：彼得效率法——鼓励员工相信效率为报酬之依据。

彼得处方五十六：彼得赏罚法——依表现优劣，赏罚分明。

彼得处方五十七：彼得利润法——让所有员工共同分享利润，使员工成为和谐一致的团队。

彼得处方五十八：彼得保护法——福利应该能为员工提供实质的安全感及有意义的享受。

彼得处方五十九：彼得美食铺——让每名员工有权选择他或她想得到的报酬。

彼得处方六十：彼得目的法——若想鼓励和强化员工的表现，就明确地告诉他们的工作目标，并提供足以回报他们贡献的奖励机制。

彼得处方六十一：彼得参与法——奖励团体表现。

彼得处方六十二：彼得授权法——为有能力者提供发挥创意的机会。

彼得处方六十三：彼得赞美法——传达你对员工杰出表现的赞赏。

彼得处方六十四：彼得声望法——和各阶层的优秀员工沟通。

彼得处方六十五：彼得趋近法——通过强化的手段，不断使一个人趋近理想的目标，这可以改造一个人的行为。

6 西格玛管理法

　　任何个人和企业做每一件事情都会从主观上追求最大限度的完美，目前，6 西格玛所追求的目标是迄今为止最富有挑战性的，在当今世界企业管理中堪称一枝独秀。

　　——杰克·韦尔奇（通用电器前总裁）

一流企业的管理模式

　　6 西格玛（σ）不是一个如今流行的娱乐组合，它是一种用于企业管理的全新理念，读作"6Sigma"。在认识 6 西格玛之前，首先让我们知道什么是"西格玛"。

　　西格玛的定义是根据俄国数学家 PL.Chebyshtv 的理论形成的，它是描述偏差程度的数理统计术语。

　　根据 PL.Chebyshtv 的计算，如果是 68％的合格率，便是 ±1 西格玛；±2 西格玛是 95％的合格率，而 ±3 西格玛便达至 99.73％的合格率。随着客户对产品质量的要求日益挑剔，企业需要不断地更改自己的标准。由此可见，这个术语蕴涵着一种世界一流企业的管理模式。

不同于西格玛，6 西格玛的概念却是 1987 年由摩托罗拉——全球著名的电子产品生产商首先提出来的。

20 世纪 70 年代，摩托罗拉遭到了来自日本电子产品的严峻挑战。从 70 年代到 80 年代，摩托罗拉在同日本企业的竞争中失掉了收音机和电视机的大部分市场，后来又失掉了 BP 机和半导体的市场。1985 年，公司濒临倒闭。

在市场竞争中，严酷的生存现实使摩托罗拉不得不正视自己管理上出现的问题，其总裁 Bob Galvin 决定通过改善产品品质来迎接日本产品的挑战，他要求其产品必须在五年内有十倍的改善。

1989 年，摩托罗拉获得 "Motorola Baldnige National Quality Award" 奖项。Bob Galvin 又提出另一个十倍品质改善的要求，并于 1991 年完成。

自 1981 年起到 20 世纪末，摩托罗拉已经取得一千多倍的品质改善。1998 年，摩托罗拉公司获得了美国鲍德理奇国家质量管理奖，时至今日，摩托罗拉成为了家喻户晓的品牌，其商业利润也遥遥领先。

6 西格玛从此走进了企业管理的世界，并受到了无比的重视。

不仅仅是产品的合格率

在企业实施 6 西格玛之前，应该掌握它的一些主要特性，让企业明白为什么要使用，以及怎样使用。

——6 西格玛管理是一种目标管理

任何个人和企业做每一件事情都会从主观上追求最大限度的完美，目前，6 西格玛所追求的目标是迄今为止最富有挑战性的，在当今世界企业管理中堪称一枝独秀。

它把顾客的需求作为目标，要求满足客户的需求，并且不断超越。企业从 3 个西格玛开始，然后是 4 个、5 个，最终达到 6 个西格玛。在这过程中，企业在发现、分析、改进这条轨道上呈现良性螺旋上升趋势。

在 20 世纪 70 年代，产品如果达到 2 西格码便达到标准。但到了 80 年代，品质要求已提升至 3 西格玛。这时虽然次品率只有 0.27%，但还不能使客户满意。于是，许多企业提出了 6 西格玛的品质管理要求，对产品质量要求上升了两倍，其合格率为 99.99966%。换句话说，平均每一百万件产品中只有 3.4 件是次品，这是非常接近"零缺点"的要求。就这方面来说，6 西格玛是要求企业提高产品质量，从而提升企业形象和竞争力。

——6 西格玛管理是一种基于事实和数据的管理

就其本质而言，它是测量标准和偏差的工具，你可以用它来测量某一产品或企业服务，也可以测量某个部门业绩，某个项目完成情况，甚至到某个企业的效益。

测量的结果是需要用一个量化的数据来评定的。企业管理也一样，企业人员的头脑里不应该有模糊的观念，所有的测评都必须具体，这样的企业管理才是科学的。

——6 西格玛管理是一种员工思想管理

在很多企业里，员工们不知道自己该干什么，不知道这样做有什么意义。通过实施"6 西格玛"，让员工明白应该做什么，应该怎么做，这么做对企业、对自己有什么意义，这样不但调动了员工的工作积极性，而且还提高了企业的效率。

——6 西格玛管理是促使企业主动完善的管理

实施了 6 西格玛，很多企业都会发现自身原来有那么多大大小小的缺陷，正是这些缺陷影响了企业的进一步发展，无论是决策者还是普通员工都会愿意去做些什么来完善企业。

从某个方面来说，6 西格玛要教给你的不仅仅是做某件事，还包括了做完后的"查缺补漏"，找出错误。员工们会不断地问自己：现在是几个西格玛了？问题在哪里？质量提高了吗？这样，企业就始终处于一种不断改进的过程中。

创造出良好的文化氛围

什么是企业文化？其实，企业文化是一种观念，是一种价值取向，更是一种行为准则，它指导规范着企业的发展，可以看作是精神向物质转换的推动力。

也可以这样说，企业文化就是一个企业的工作方式。当企业想要改进质量，特别是通过改进工作过程以获取最佳产品和服务质量的时候，文化便显示出其巨大的力量。

由此可见，企业文化对 6 西格玛有着重要的影响。

从历次经济的变革中，我们不难看到，如果变革的精神与文化体系发生矛盾，变革将难以继续。无论是社会变革还是企业的体制改革都必须先改革已经落后的文化。

为了 6 西格玛质量战略在企业内的成功实施，需要创造出良好的企业文化氛围，因此企业必须对以下两方面工作给予充分的重视。

——改变个人那些不合时宜的行为、思想观念

这要求整个公司上上下下都要改变"我一直都是这样做的，而且做得很好"的想法。更不能恪守"这是我们这儿做事的方式"的老调，这些陈旧的企业文化会严重妨碍 6 西格玛在企业内的实施。

——要强化企业的优秀文化，制止不利于企业的风气

一些成功的企业——特别是处于重要位置的企业，在文化建设方面都尽了最大的努力。他们在不断提高产品与服务质量的同时，还花了大力气去发展那些可能有助于 6 西格玛的企业文化，并用先进的文化来端正员工的态度，坚定他们的信念，并与 6 西格玛质量保持同步。

6 西格玛之所以能在一些企业里成功实施，正是因为它能给企业带来巨大收益。这主要还是通过实施 6 西格玛对一些不合理的企业文化的改革来实现的。

照顾好你的上帝

6 西格玛管理的实质，是要达到顾客和企业的双赢。

它从更为广泛的视角，关注影响顾客满意的所有方面，要求站在顾客的立场，去体会对他们来说最重要的一些因素，从产品性能与可靠性到交付时间、批量的要求，以及价格和服务方面的要求。

6 西格玛管理可以说完全满足了客户对产品价值的追求，按照经济学的原理——价值等于质量与价格的比。在价格一定的前提下，质量与价值成正比，质量越好的产品，其价值越高，自然越能取得客户青睐。

日本著名质量管理专家田口先生曾用质量损失函数来度量产品质量对客户的影响。他认为，质量一旦偏离目标值就会对客户造成损失，这种损失与质量距离目标值的大小成正比，质量特性离目标值越远，客户的损失就越大。

让我们先分析下面一个案例：

有 4 个厂家同时生产 10000 件相同的产品，这 4 个厂家的质量水平分别是 1 西格玛、2 西格玛、3 西格玛和 4 西格玛。最后，他们无缺陷的产品分别是 6800 件、9500 件、9973 件、9999 件。这是个明显的差别，作为顾客当然会选择最后一个厂家的产品，因为从中买到次品的概率非常小，而第一个厂家的产品却几乎有 1/3 的次品，买得不放心。

没有客户的厂家势必会被淘汰出市场，而 6 西格玛质量厂商则具有强劲的市场竞争力。这就是"6 西格玛"给客户带来的市场利益，这也是 6 西格玛的核心能力：提高质量，降低成本，使价值最大化。

企业参与市场竞争的能力直接体现在顾客对产品乃至服务质量的评价与认可，一个受到客户信赖的企业才是成功的企业。所以，企业要以客户的需求为生产的根本出发点。

倡导者、黑带、绿带

6西格玛适用于所有行业，无论是生产、服务或者商贸领域。其中，必须的人员配置具有相当重要的意义，是企业成功推动6西格玛的重要前提条件。

6西格玛以倡导者、黑带主管、黑带、绿带体系建立人力资源构架，为企业培养具备组织能力、项目管理技术和数理统计能力、形势诊断能力的领导者和工作者，这些人才是企业适应变革和竞争的核心力量，他们可以保证公司内部运作的持续性。

——倡导者

该部分人员一般是企业高级管理层成员，通常由行政总裁、总裁、副总裁担任，大多数为兼职。一般会设一到两位副总裁全职负责6西格玛的推行，调动公司各项资源，支持、确认、全面推行6西格玛，决定"该做什么"，确保按时、按质完成既定目标。

——黑带主管

主要为全职6西格玛人员，与倡导者一道协调6西格玛项目的选择和培训。其主要工作为培训黑带和绿带，向黑带提供 6 西格玛高级技术工具的支援，组织和协调项目、会议、培训，收集和整理信息，执行和实现由倡导者提出的"该做什么"的工作。在 6 西格玛质量导入前期，该职位通常由顾问公司顾问担任。一般来说，黑带主管的数量＝黑带数 /10。

——黑带

"黑带"是由摩托罗拉首先提出来的，它通常是指 6 西格玛的专家，是企业全面推行 6 西格玛的中坚力量，负责 6 西格玛具体执行和推广工作，同时肩负培训绿带的任务。一般情况下，一个黑带一年需培训 100 位绿带。该职位为全职 6 西格玛人员。

首先，黑带应该具备各方面的协调和组织管理能力，因为 6 西格玛是以团队的方式开展流程改进工作的，并且很多项目范围是跨职能部门的，需要各个部门和人员之间的协调与配合。

其次，要精通业务，并且具备接班人的素质，有的黑带在结束了两年的任期后，走上了企业的领导岗位。专职黑带任期一般 2 年，1 个黑带每年完成 5 ～ 7 个项目，成本节约大概在 100 万元左右。每个企业黑带数等于公司每年的总营业额与 100 万的比值。

——绿带

在 6 西格玛有很多简单的工作，可以由绿带完成。绿带为兼职人员，也就是经过培训，在自己的岗位上参与6西格玛项目的人员，是公司内部推行6西格玛后众多底线收益项目的领导者，他们强调6西格玛在每日工作中的应用，通常为公司各基层部门的负责人。6西格玛占其工作的比重可根据实际情况而定。

企业整体流程的变革

6西格玛的管理方法重点是将所有的工作作为一种流程，定量地分析流程中影响质量的因素，找出最关键的加以改进，从而达到更高的客户满意度。

目前，6西格玛管理已经从运营和服务系统，发展到企业营销、产品设计和技术开发等各个领域，带动整个企业的文化变革，将"零缺陷"高品质的精神渗透到企业的每一个环节中。从企业管理的成功案例中不难发现，典型的6西格玛工作流程为：

6西格玛过程→6西格玛策划→6西格玛组织。

但是，在实际操作中，这个过程并非一直平行地进行下去，而要根据实施时的具体情况，允许交叉、重叠。

——6西格玛过程阶段

在此环节，主要是要严密监测，力求全面消除与现有体系发生冲突而产生的错误及风险。在这一点上过程有具体的目标，即在顾客满意度和成本最低这两个最重要的指标上，错误的概率不能超过百万分之三点四。

——6 西格玛策划阶段

这个环节的核心问题是如何维护设计的完美性，最大限度地避免错误和风险。需要考虑的主要任务有两个：一是与设计功能业绩有关的错误或风险；二是与整个组织经营有关的错误或风险。其目的是为了减少不稳定性，达到设计目标，最终是促使成本最小化、顾客满意最大化。

——6 西格玛组织阶段

这个阶段的目标很明确，即采取一切必要的手段来确保6 西格玛过程和6 西格玛策划能顺利实施，达到既定的经营业绩。

6 西格玛强调的理念就是从客户需求出发，基于业务流程的优化和管理思想，必须打破传统意义上职能部门的分工壁垒。6 西格玛的实施不再是个人的主张，也不再是某个部门的事情，而是一场企业整体流程的变革。

6 西格玛的成功导入

6 西格玛的成功导入，来自以全员活动参与，倡导团队合作，鼓励创新与改善，及以提高客户满意度为标准。

运用6 西格玛可获取、维持和扩大企业的成功。当然，并不是只要实施了6 西格玛就一定可以得到成功。要取得预定的目标，在实施之前有几个阶段必须把握好：

——策划阶段

首先要摸清自己企业的实际情况，站在顾客的角度深入考虑他们的需求，广泛收集来自方方面面的各种客观数据。

同时要做好必需的资金投入，一般情况下，要投入你每年总营业额的 0.1% ~ 0.2%。当然，数字并不是一成不变的，你也可以根据公司的具体情况来进行调整。在展开 6 西格玛的第一年，投入比例相对会高一些。

另外，6 西格玛非常注重从上往下的推动，最高领导层的参与、企业领导的重视和支持是成功的关键。由公司最高领导层总裁、副总裁开始，每一位高层决策领导人员首先要认识 6 西格玛的内容，并以鲜明的态度向全体员工表明：公司是认真的，并且要指派一名高层管理人员负责监督。

——扩充阶段

这里所说的扩充是指扩充各种专业人员。选择好的专业顾问公司同样是实施 6 西格玛非常重要的前提，这个阶段通常需要一定的时间来周密考虑，因为专业顾问公司将负责下一步的人员招募、培训、推广计划。

——完善阶段

完善是指企业全体员工素质的提高，6 西格玛的实施是需要全员参与的，而且要有切实可行的培训计划。各个阶层的工作人员都要获得有针对性的培训。

6 西格玛强调团队的合作，而且需要的是高素质的员工及他们之间的合作。员工不仅要学知识，而且要将所学知识应用到实践中去。通过实践掌握解决问题的科学方法，为企业带来丰厚的利润，通过员工个人行为的改变，进而改变企业整体的文化氛围，使企业成为一个有自我学习能力的组织。

通过团队的集体研讨、学习，产生共识，这样才能消除部门之间的隔阂。许多组织可以从培训高层管理人员开始，再逐步指定合适的基层领导们参加培训，最终实现全员的提高。

最强有力的管理工具

许多企业家大多是从杰克·韦尔奇的自传里接触到 6 西格玛概念的，他们普遍认为 6 西格玛将有助于企业自身参与国际市场竞争，使企业能争取更多的市场份额和削减制造成本。

6 西格玛也曾经创造了很多堪称经典的成功案例，比如摩托罗拉、通用电气公司等。还有一些合资企业通过推行 6 西格玛一年内节约费用数百万美元，也因此证明 6 西格玛已成为当今最强有力的管理工具。于是，一些企业家提出来是不是也可以在所有企业实行 6 西格玛管理体制。

我们时常可以看到媒体上有关假冒伪劣产品的报道，消费者的投诉纷至沓来，我们的市场更多地被一些大企业占领；在国际市场上，小企业的一些产品都被认为质次价廉，这样对它们的发展十分不利。这些企业出路何在？如果我们还不重视企业产品质量的提高，那么我们就输了，我们将远远落后于同行。

由此看来，企业很需要 6 西格玛，需要尽快地用它来发现问题，进而解决问题，强化企业的市场竞争力。

朱兰的质量三元论

> 每个企业、每种产品和服务，要想在国际市场上占有一席之地，都要面对"超严格的质量要求"，要努力使自己达到世界级的质量水平。

> ——朱兰（伟大的质量导师）

质量无极限

随着社会的发展和科技的进步，顾客对产品和服务的期望越来越高，企业间的竞争也不断加剧，这一切都要求企业对自身产品质量和服务质量提出更高的要求。有两句话可以形象地描述这种情况："质量无极限""顾客就是上帝"。

社会发展与科技进步对各种产品都提出了新的要求，而这一切在电子产品中体现得尤为突出，其不合格率由过去的百分率、千分率的数量级，降低到百万分率，乃至十亿分率的水平。

根据世界贸易组织最新的统计数据显示，当今世界，服务贸易总额在全球贸易总额中所占的比率已经达到20%。这使我们很容易联想到，质量已经成为增加市场占有率的关键因素，企业想占领市场，就必须在产品质量上下功夫，次级的产品想在苛刻的市场和顾客面前赢得一丝生存空间都已不再可能。

同时，质量科学伴随着经济和科技的飞速发展，开始得到人们广泛的关注。随着企业在管理理论和实践上不断地自我丰富和完善，"质量科学"也逐步拥有了它自身完备的生存基础，并建立起了一套完善的学科体系。

正是由于这些发展，科学界才出现了以戴明（Edwards Deming）、费根堡姆（AV.Feigenbaum）、朱兰（JM.Juran）、克劳斯比（Philiph Crosby）等为代表的世界级"质量管理大师"。

作为世界著名的"质量管理大师"，在质量科学领域，朱兰博士的经典之作有《管理突破》及《质量计划》两本论著。

由朱兰博士主编的《质量控制手册》被称为"当今世界质量控制科学的名著"，此书为奠定全面质量管理的理论基础和基本方法做出了卓越的贡献。

朱兰所倡导的质量管理理念和方法始终深刻地影响着全球企业界，并引领着世界质量管理的发展方向。他的"质量计划、质量控制和质量改进"被称为"朱兰三部曲"。他还最早将帕累托原理引入质量管理领域，从而为"质量科学"的进一步发展做出了巨大的贡献。

为了使自己的理论得到广泛传播，朱兰常年奔波于世界各地，他在30多个国家和地区举办过近300期"质量控制之管理"培训班，培训的经理和专家约2万人。他获得的荣誉包括12个国家的专业协会和名誉团体所授予的30余枚勋章、会员资格和名誉会员资格等。

当然，这一切的成就都离不开他在"质量科学"领域所做的深入研究和巨大努力。

质量管理的三重角色

质量管理活动范围的扩展主要是基于"三重角色"这一观点，在这一观点的指导下，任何工作的执行者或部门都围绕着顾客、处理者和供应者这三个角色开展工作。

——作为一个好的顾客

应该使供应者了解和认同自己的看法，并使之文件化；迅速、巧妙地将有缺陷的供应返回给供应者；向供应者反馈供应质量数据。

——作为一个好的处理者

应该学习和使用质量技术数据；持续不断地改进过程，减少缺陷；将过程、缺陷等级和持续改进项目文件化并展示出来。

——作为一个好的供应者

理解顾客的要求，认同并文件化交付能力；减少输出的缺陷和波动；从顾客的角度度量输出的质量。

总之，"三重角色"就是完成"接收输入的信息和物品；将这些输入转化为产品输出；将产出交付给顾客"这一过程时所担负的角色，它是质量管理在简单意义上的一种步骤化模式。

朱兰三部曲

朱兰提出了"质量三元论"的观点，该理论将管理过程分为三个步骤：计划、控制和改进。这就是有名的"朱兰三部曲"。"朱兰三部曲"中各个环节的设置都有它特定的原因。

——质量计划

这一步骤很有必要，它是为建立有能力满足质量标准化的工作程序，是必不可少的。

——质量控制

质量控制可以为掌握何时采取必要措施纠正质量问题提供参考和依据，是"三部曲"中的重要环节。

——质量改进

更合理和有效的管理方式往往是在质量改进中被挖掘出来的。

"朱兰三部曲"中的三个步骤既有各自的目标，又相互联系。它作为一个实现质量管理目标的成功阶梯，还需要一些其他条件才能有效地施行，例如要有积极向上的领导力和环境以及对质量的有力支持等。

没有一个相当完善的质量文化为基础，即使"朱兰三部曲"有天大的"魔力"，也不能充分发挥它的作用，因为在复杂的企业管理中，一个小小的因素都可能对公司的各层人员产生影响，更何况"领导力"和"环境"等并不是可被任意忽视的小因素！

质量管理的突破历程

"突破历程"是朱兰博士综合了他的基本学说以后提出来的。如下几方面是此历程相应的一些关键环节：

——突破的取态

管理层必须先明确突破的迫切性，然后创造有利于实现突破的环境。因此，首先必须收集资料来证明问题的严重性，而其中最具说服力的资料唯有质量成本。

为了可以获取丰富的资源来推进改革，必须将预期的效果用货币形式表示出来，并以投资回报率的形式展现出来。

——抓关键的少数项目

在众多的问题当中，要善于找出关键性的少数。通过80/20分析，并强调关键的少数，然后再集中精力优先处理。

——寻求知识上的突破

可以让两个不同的组织去领导和参与变革——它们可以分别被称作"策划委员会"和"诊断小组"。策划委员会主要由来自不同部门的高层管理人员组成，让他们亲自负责制定变革计划、指出问题存在的原因，并授权作试点改革、协助克服抗拒的阻力，以及贯彻执行解决方案。诊断小组可以由质量管理的专业人员及其部门经理组成，全面负责查找、分析问题。

——进行综合分析

诊断小组研究问题时首先要提出假设，然后通过试验来找出真正的原因。此外，它还有一个重要任务，就是去调查不良产品的出现是操作人员的责任还是管理人员的责任。

如果是操作人员造成的责任，则必须同时满足下述三个基本条件：操作人员清楚他们应该做什么，要有足够的数据可以说明他们所作的贡献，要有能力改变他们不良的工作表现。

——决定怎样克服变革的抗拒

变革中的关键任务首先是要明确变革对他们的必要性。光凭逻辑性的论据是绝对不行的，必须让他们参与到制定决策及变革内容的工作中来。

——推进变革

所有要变革的部门必须密切合作，每一个部门都要清楚问题的严重性、不同的解决方案、预期的效果、变革所需成本，以及评估变革给员工带来的冲击及影响。管理者必须对这些因素进行全面的分析和考虑，并给员工提供适当的培训。

——建立监督体制

在变革过程中，必须有适当的监督系统定期反映进度及有关的突发情况。适当地跟进工作在此显得非常重要,因为它能够监测整个实施过程和及时解决突发问题。

质量螺旋和二八法则

朱兰博士在 1994 年曾说:"20 世纪以'生产力的世纪'载入史册,未来的 21 世纪将是'质量的世纪'。"

"质量螺旋"是朱兰博士提出的另一个关于质量控制的重要理论。朱兰认为,为了获得产品的最佳使用效果,需要进行一系列相关的质量管理活动。

这些活动主要包括市场调查、开发、设计、计划、采购、生产、控制、检验、销售、反馈等各个环节。同时,这些环节又在整个过程的周而复始的循环中螺旋式上升。因此,它也可被称为"质量进展螺旋"。

在质量进展螺旋的工作实践中,朱兰博士依据大量的实际调查和统计分析认为:在所发生的所有质量问题中,仅有 20% 是由基层操作人员的失误造成的,而其中 80% 的质量问题是领导者造成的。此外,他还得出 80% 的质量问题是在 20% 的环节中产生的。

同时,在 ISO9000 国际标准中,与领导者责任密切相关的一些因素占有相当大的比例,这种关系在客观上也证实了 80/20 法则在质量管理中普遍存在。

不久的将来,产品质量将面临更大的挑战,这是每一个企业管理者都可以预见的。社会工业化引起了一系列环境问题,它严重地影响着人们的生活质量。

朱兰认为，现代科学技术、环境与质量密切相关。随着全球经济和科学技术的快速发展，有关质量的概念必然会拓展到各个社会领域，其中包括人们赖以生存的环境质量、卫生保健质量，以及人们在社会活动中的精神需求和满意度等等。

同时，朱兰博士的生活质量观也集中地反映了人类经济活动的共同目的：经济发展的最终目的，是为了不断满足人们日益增长的物质和文化生活的需求。也就是说，没有需求的拉动，经济发展将难以实现。

环视当今社会，国家间的竞争正逐渐被企业间产品及服务的竞争所替代。质量已不再是一种奢侈品，而是任何产品及服务所必须具备的。用户完全满意已经成为世界一流企业和跨国公司所必须具备的最基本要求。

因此，每个企业、每种产品和服务，要想在国际市场上占有一席之地，都要面对"超严格的质量要求"，都要努力使自己达到世界级的质量水平。

戴明的质量管理法

作为质量管理的先驱者，戴明的学说对国际质量管理理论和方法始终有着特别重要的影响，并且在全世界范围内掀起了品质管理的浪潮。

——美国国家广播公司

日本产品的品质革命

20 世纪初，日本企业的产品质量并不好，但到了 20 世纪 80 年代，人们争相购买日本企业的产品，日本货成了优质产品的象征。日本企业从生产劣质产品到优质产品，前后间隔仅几十年，产品质量竟发生了如此大的变化。

在惊讶之余，人们纷纷猜测日本企业质量管理成功的奥秘究竟何在？

人们带着这种疑问追根溯源，发现日本企业质量管理的成功竟然是得益于美国著名的质量管理专家爱德华·戴明。

戴明是世界著名的质量管理专家，他提出了一系列有关质量管理的理论思想。这些思想一开始在美国并没有受到重视，在日本企业中却得到广泛的应用。

1951 年，日本设立戴明国家质量奖，该奖主要面向日本国内的制造企业，评奖标准非常严格，获奖企业每年最多 1 或 2 名。日本国内称戴明奖为"企业诺贝尔奖"。

作为质量管理的先驱者，戴明的学说对国际质量管理理论和方法始终有着特别重要的影响，并且在全世界范围内掀起了品质管理的浪潮。

20 世纪 80 年代中期，美国设立了马尔科姆·鲍尔德雷治国家品质奖；欧洲在 20 世纪 90 年代引入品质奖的概念，创造了国际质量标准认证机构 ISO（International Standard Organization）。ISO9000 引发的系列国际质量认证为国际品质评比提供了参照。

最初，戴明品质管理的内容主要涉及公司设备、产品、人员、组织等内容。后来，更多的企业在他的启发下，将顾客满意、员工满意、服务、企业形象等都纳入品质范畴。

此外，戴明还提出"持续改善"的理念，强调从小处入手，以此来获得更大改善，包括福特、通用、宝洁在内的很多跨国公司都接受了这个观念。

日本能，我们为什么不能

戴明的质量管理长期在美国没有引起关注，直到 1980 年，戴明 80 岁时，美国国家广播公司才推出了报道他的新闻专辑——《日本能，我们为什么不能？》。该专辑详细地介绍了戴明博士对日本产品质量的贡献。在专辑播出后，他的祖国——美国才终于发现了这位旷世奇才，才开始意识到质量管理对于企业发展的意义。

每个想要实施戴明管理方法的企业都必须首先弄懂它的内涵，从而根据自己企业的实际情况对症下药。

戴明管理方法集中反映了全面质量管理的必要性，强调了质量管理和改善并非某一个部门的工作，而需要由最高管理层领导和参与，全体员工共同努力才可奏效。

其学说的核心思想主要有以下几点：

——管理高层的决心及参与：只有得到决策者的支持，这种管理方法才能在企业中开始实施；

——积极向上的团队精神，企业是一个整体就必须有团体意识；

——注重培养员工的产品质量意识；

——统一度量质量的一些标准；

——注意加强质量改进技术的训练；

——强化对质量成本全面认识与分析；

——不断提高生产技术水平；

——让全体员工积极参与到这项活动中来。

领导职责的十四条

《十四条》的全称是《领导职责的十四条》，这是戴明针对美国企业领导提出来的。它很快成为20世纪全面质量管理（TQM）的重要理论基础，并且被当成许多著名企业奉行的圭臬。

在戴明看来，如果一个企业迷失了自己的方向，也就是不清楚自己应该如何改进顾客的生活水平，他们必然会与顾客同样地受到损害。试着采用其他的方法与技巧而不改变公司的管理哲学，是不会看见真正的成果的。

在长时间里，戴明本人在不同场合对《十四条》有不同程度的强调，主要的精神可归纳为如下几点：

第一，恒久地改进产品和改善服务。

企业在制定目标时，不要只对下一个月或下一个年度作计划，而要坚持长远建设的方向，要以不断地创造、改进产品和服务为长远目标，坚持经营，并且在所有领域加以改革和创新。

第二，运用新的管理哲学。

管理思想对企业产品具有相当的重要性，企业要有一个严谨的管理思想，无论是产品质量还是服务质量都必须力求完美。不允许出现交货延迟或差错，杜绝粗劣的原料、不良的操作、有缺陷的产品和松散的服务。

第三，不能依靠事后检验来达到质量标准。

要保证产品质量，就不能怀着"对成品的检测就可以了"这样的想法，准备检验实际上就是允许有次品，要等到检验才发现次品，就是对资源的极大浪费，成本高、效益低，企业收益从何谈起？正确的做法是要在整个生产过程中时刻注意产品质量，对这个过程进行及时地监控。

第四，价廉还要物美。

在原料采购时，企业不可太注重"低价"，要有一个最小成本的全面考虑。价格本身只是一个数字，并无实际意义，只有相对于质量才有意义。因此，管理者需要界定采购原则来规范采购工作。企业一定要与供应商建立长远的关系，不可为求低价而"朝三暮四"，导致供应商不但繁多，而且提供的服务质量参差不齐，应该有所选择，留下的应是极少数最好的。

第五，建立一个识别体系和非体系原因的措施。

产品质量出现问题时，有85％的可能是由于系统运行不良引起的，15％是由于岗位上的原因。因此只有系统的改进，才可能减低差异性。但首先要明确的是问题究竟是来自系统还是岗位。如果是由于系统原因造成的，就应该永不间断地改进生产及服务系统。如果是岗位原因，就要提高工人的生产能力。所以，准确识别系统和非系统的原因有利于降低浪费和提高质量。

第六，建立现代的岗位培训。

上面说过产品质量的问题有15％来自岗位，这也是一个不容忽视的问题。要工人做工作，就首先得对他们进行培训。培训是管理阶层最基本的工作，它可以改进工作的质量。尽管培训工人会花去一定的费用，但从长远利益来看，它对企业发展具有相当重要的意义。

现代的企业培训不只是培训工人怎样干，还要告诉他们为什么要这样干，只有这样才能称之为一个全面、有效的岗位培训。

培训前可以先做个计划，让培训建立在可接受的工作标准上，培训后要使用统计方法来衡量培训工作是否奏效，便于下一步培训工作的进行。

第七，建立现代的领导层。

同其他管理思想一样，戴明理论也非常重视领导层的建设。他认为品质是由领导人的水平造就的。各基层营运单位的成绩，会依照领导层的意愿而定。因此，各阶层的管理人员必须随时和高层管理进行沟通，让他们知道需要改善的地方。之后，高层管理必须采取行动，改正错误、完善管理。

因此，企业必须建立一种新型的领导方式，不只是管，更重要的是帮。

第八，创造企业和谐融洽的生产气氛。

要使员工积极主动地工作，就要培养员工的积极性。许多管理者常常喜欢用强制的手段来要求下属服从，这样一来，在企业中逐渐形成了一种严肃的气氛，员工不敢提问题，心情受到压抑，产生抵触情绪，工作时不尽心尽力。

即使他们被迫地做了大量的工作，也不能给企业带来贡献。许多依赖强制手段的管理人员逐渐认识到：员工没有思考，结果经常使自己陷入被动状态。所以，在企业内部应该有一种和谐融洽的气氛，让员工对企业有感情，调动他们的工作积极性，他们才能最大限度地为企业创造价值。

第九，坚决合作，消除壁垒。

人类之所以能在远古时期就战胜比自己强壮的野兽，成为世界的主人，就在于人类善于通过合作使自己变得更加强大。

在企业的发展道路上，业主也应该遵循这个观点，通过与各方面的密切合作来提高企业的竞争力。要切记一点：没有合作就得不到品质，也不可能有改进。

企业的合作是多方面的，工人之间的合作、工人与管理人员的合作、企业与供应厂商的合作，甚至企业与竞争对手的合作，只要是有利于企业收益的合作，都应该不遗余力地开展。

跨部门的质量圈活动有助于改善设计、成本、质量及服务。戴明强调，任何一个部门都不能只顾及自身利益，而应该发挥团队精神，相互协作。

第十，数量不是目标。

传统管理注重把焦点放在数量上，很多企业在衡量产品收益时，仅由数字作参考，认为数量就是一切，不顾产品质量而推出产品，殊不知在他们推出这种产品的同时，企业也在一步步走向失败。

员工在生产产品时，通常会以主管的要求为准则，如果主管要求："不管怎么做，必须做得到。"那么，他们可能会不顾一切地去追求目标，甚至不在乎整个集体的利益。

如此地量化指标忽视了产品的质量，致使企业只追求

"量多"，而不管企业效益和长远利益。

为此，戴明理论要求取消量化的目标，建立一个随时检查工时定额和工作标准的有效性程序，建立一种激励、教导员工提高质量和生产率的好办法，而不是只对他们下硬指标。

第十一，数字不是根本。

这一条与上一条十分相似，但是它侧重于强调企业的分析报告。

企业要了解自己的收益状况，并不是通过财务报告上的简单数字就能体现的，比如品质和革新的效果有多少，在哪里？将一件残缺品卖到顾客手上的成本是多少？因为品质不良而损失的销售量是多少？不管是什么价格都不肯买产品的客户有多少？对于诸如此类的问题，需要企业根据销售的具体情况来分析。

第十二，使员工心悦诚服地为企业工作。

一个企业要想有所改进的话，就必须依靠员工认真地工作。如同在前面提到的和谐融洽的气氛一样，企业还应该给员工安全感，让他们认为自己是在从事一件令人愉快的工作，员工自然会认真地对待，从而提高产品的品质。企业要想成功，首先得做到这一点。

优秀的领导者一方面要能使员工对改革心悦诚服，显示出强烈的工作意愿；另一方面要提高改善员工和机器的绩效，提高产品品质，增加产量。

此外，戴明理论还强调团体合作精神，努力消除妨碍基层员工积极工作的不利因素，让每个员工都乐于成为集体中的一员。

第十三，建立长期的教育机制，不断完善员工技能。

由于质量和生产力的提高会使部分工作岗位的技术要求不断提高，因此，必须要求员工不断了解自己工作岗位的发展方向，进行不断的业务培训。

对于管理者而言，则需要建立一个有效的教育培训计划，使员工能够适应原材料、产品设计、加工工艺和机器设备的变化，使得员工在每次技术革新面前，都能及时地进行转变。

第十四，创造一个每天都能推动以上十三项的高层管理结构。

要使企业能实施这《十四条》的计划，就必须在领导层内建立一种结构，促使全体员工都来参与到经营管理的改革当中。

戴明理论和其他管理理念明显的不同之处在于他们对品质创造的看法不同。正如戴明曾经说过的一样："品质是在哪里创造的？是在董事会的会议室里！"

周而复始的戴明环

PDCA 循环是戴明管理理论中最重要的一个概念，又称其为"戴明环"。

PDCA 循环是一项工作从头至尾有效进行的保证，是一种合乎逻辑的工作流程，在质量管理方面具有相当大的适用性。

P、D、C、A 四个英文字母所代表的意义如下:

P（Plan）——计划。

这是工作开始前的首要任务，有很多问题需要在这个阶段解决。首先要运用排列图法、直方图法、控制图法等方法分析现状，找出质量存在的问题；然后分析质量问题产生的原因；最后，就是根据前面发现的各种问题来制订相应的实施计划，可运用目标管理法、系统图法、过程决策程序图法等方法。

D（Do）——执行。

执行即具体运作，实现计划中的目标，其中用到的主要方法有：系统图法、矩阵图法、矢线图法、过程决策程序图法等。

C（Check）——检查。

就是要总结执行计划的结果，分清哪些是正确的，哪些是错误的，明确其效果，找出存在的问题，可以用控制图法、系统图法、排列图法、过程决策程序图法、抽样检验等一系列的质量管理方法。

A（Action）——行动（也即处理）。

对总结后的结果进行进一步处理，并将切实可行的东西加以创新和应用，也可以制定成一系列作业标准，便于以后工作时遵循。同时，还要总结失败的教训，以防止错误再一次发生。

PDCA 循环的四个过程不是运行一次就结束，而是往复地循环。一个循环的结束只能解决一部分问题，而不能解决所有问题。如果需要引入新的问题，则需转入下一个 PDCA 循环，以此类推。

PDCA 系统类似于行星轮系，一个企业的整体运行体系与其内部各子体系的关系，是大环带动小环的有机逻辑组合体。

PDCA 循环的最终目的就是使企业的整体效益得到不断的提高，所以它不是停留在一个水平上的循环，它不断解决问题的过程就是逐步上升的过程。

企业是为社会提供物资的部门，在提供物资的同时也为自己获得社会效益和经济效益。要使企业效益最大化，就要明确质量是企业生存之本，只有良好的质量才能让自己在纷繁的市场中脱颖而出。

戴明式公司

与普通标准化公司相比，戴明式公司有一些鲜明的特色：

在一个普通的企业里，要追求品质就要付出一定的成本，例如，购买优良的原材料、高价聘请技术顾问等，而一个实施了戴明理论的企业，则可以用相对较少的成本来实现产品高品质的追求。

为了降低生产成本，对于原材料的购买，一般企业都比较注重价格的高低。因此，企业总是不断地与供应商讨价还价，互相制约。戴明式公司则通过品质来选择供应商，一旦选中某个供应商，便长期与其合作，两者间强调的是一种信任关系。

标准化公司的残缺产品主要出现在制造环节，大部分是由于工人的失误所致，因此，对于品质的控制主要依靠对产成品的质量检验，而这一环节是由品质管理人员负责，所以企业产品的品质主要掌握在品质管理人员手中。

但是在戴明式公司中，产品品质主要是依靠高层管理人员的直接管理。品质问题的85％来自管理制度的不完善。所以，企业能把品质观念贯穿于整个制造过程中，尽可能地降低产品的不合格率。

在生产过程中，两者也有很多不同之处。普通企业常会通过聘请专家学者的方式来优化生产结构，而不从根本上寻求变革，并以数量作为企业追求的目标。戴明式公司则认为，企业生产流程永远都不能达到最优化，必须不断地改进、完善，数量不是企业追求的最终目标，质量才能产生高效益。

此外，两种公司的企业文化也大不相同。戴明式公司强调的是一种人际协调与合作。戴明认为，工人与工人，工人与管理者之间只有形成和谐的气氛，才能使员工主动工作，而普通企业的强制方式很难取得员工的配合。

由于有目共睹的成绩，越来越多的企业接受了戴明的质量理论，一个企业如果能全面、持久地将这些观念付诸实施，则肯定会取得最好的质量控制效果，为企业赢得最多的利润。

红牌作战质量管理法

任意决定物品的存放并不会让你的工作速度加快，只能使你的寻找时间加倍；你必须分析考虑怎样才能拿取物品更快捷，并让大家都能理解这套方案，遵照执行。

——迈金塔（企业管理顾问）

小事做起

5S 活动最早起源于日本，并在日本企业中得到广泛应用。

5S 即 Seiri（整理）、Seiton（整顿）、Seiso（清扫）、Seiketsu（清洁）和 Shitsuke（素养）这 5 个词在日语中罗马拼音的首字母的缩写。开展以整理、整顿、清扫、清洁和素养为内容的活动，通常被称为红牌作战质量管理法，简称 5S 活动。

其主要内容包括以下几个方面：

——整理：清楚地区分要与不要的东西，找出需要改善的事、地、物。

——整顿：将不要的东西贴上"红牌"。将需要改善的事、地、物以"红牌"标示。

——清扫：将有油污、不清洁的设备贴上"红牌"。将藏污纳垢的办公室死角贴上"红牌"。将办公室、生产现场不该出现的东西贴上红牌。

——清洁：减少"红牌"的数量。

——素养：有人继续增加"红牌"；有人努力减少"红牌"。

5S活动的对象是现场的"环境"，它对生产现场环境进行全局、综合的考虑，并制订切实可行的计划与措施，从而达到规范化管理。

"5S管理"的思路非常简单、朴素，它主要针对企业中每位员工的日常行为提出相应要求，倡导从小事做起，力求使每位员工都养成事事"讲究"的习惯，从而达到提高整体工作质量的目的。

企业推行5S管理，主要是从各个方面进行整顿，并强化员工文明生产的观念，使企业中每个场所的环境、每位员工的行为都能符合5S精神的要求。

企业借助5S管理，可以让工作场所变得整齐清洁，工作环境变得舒适幽雅，企业成员都能养成做事耐心细致的好习惯。久而久之，大家都遵守规则，认真工作。

许多人认为，这样做太简单，芝麻小事，没什么意义，而且兴师动众，没有必要。但是，一个企业产品质量是否有保障的一个重要标志，就是生产现场是否整洁。这是"破窗效应"在企业管理领域一个直观的体现。

破窗效应

美国心理学家詹巴斗曾进行过一项有趣的试验：把两辆一模一样的汽车分别停放在两个不同的街区；其中一辆完好无损，这辆车停放在帕罗阿尔托的中产阶级社区，而另一辆，车牌被摘掉、顶棚被打开，停放在相对杂乱的布朗克斯街区。结果怎样呢？

停在中产阶级社区的那辆车，过了一个星期还完好无损；而顶棚被打开的那一辆，不到一天就被偷走了。

后来，詹巴斗把完好无损的那辆汽车敲碎一块玻璃，仅仅几小时就不见了。

以这项试验为基础，美国政治学家威尔逊和犯罪学家凯林提出了一个"破窗效应"。他们认为：如果有人打坏了一栋建筑上的一块玻璃，又没有及时修复，别人就可能受到某些暗示性的纵容，去打碎更多的玻璃。

久而久之，这些窗户就给人造成一种无序的感觉，在这种麻木不仁的氛围中，犯罪就会滋生、蔓延。

"偷车试验"和"破窗效应"更多的是从犯罪心理去思考问题，但不管把"破窗效应"用在什么领域，角度不同，但道理相似：环境具有强烈的暗示性和诱导性，必须及时修好"第一扇被打碎的窗户玻璃"。

推而广之，从人与环境的关系这个角度去看，我们周围的生活中所发生的许多事情，不正是环境暗示和诱导作用的结果吗？

比如，在窗明几净、环境幽雅的工作场所，没有人会大声喧哗，或"噗"地吐出一口痰来；相反，如果环境脏乱不堪，是时常可以看见吐痰、便溺、打闹、相骂等不文明的举止。

又比如，在公交车站，如果大家都井然有序地排队上车，又有多少人会不顾众人的文明举动和鄙夷眼光而贸然插队？与这相反，车辆尚未停稳，猴急的人们你推我拥，争先恐后，后来的人如果想排队上车，恐怕也没有耐心了。

因此，环境好，不文明之举也会有所收敛；环境不好，文明的举动也会受到影响。人是环境的产物，同样，人的行为也是环境的一部分，两者之间是一种互动的关系。

在工作场所，如果能窗明几净、环境优雅，往往能够营造出文明和舒适的氛围。千万不要由于我们个人对工作环境的视而不见、疏忽大意而形成"破窗效应"，进而给工作场所带来无序和失去规范的感觉。

整理和整顿

一些没有推行 5S 的工厂，领导或员工能够明显地感觉到生产现场比较脏——地板上一层黑黑的垃圾、油渍、铁屑……零件、纸箱胡乱堆放在地板上；人员、车辆在拥挤狭窄的过道上穿插……

员工在这样的工厂里，当然是越干越没劲，也只有当一天和尚撞一天钟，要么另栖他枝。这样的工厂只会生产问题和制造麻烦，即使引进很多优秀的管理方法也很难见到成效，所以要想提高企业的生产效率，还是先从简单实用的5S着手！

首先把需要与不需要的人、事、物等区分开，再将不需要的人、事、物进行相应处理。其主要特点是对生产现场的现实摆放和各种物品进行分类，区分什么是现场需要的，什么是现场不需要的。

其次，对于现场不需要的物品，诸如剩下的原材料、半成品，切下的料头、切屑，以及垃圾、废品、工人的个人生活用品等，要坚决清理出生产现场，即坚决把现场不需要的东西清理掉。

对于车间里各个工位或设备的前后、通道左右、厂房上下、工具箱内外，以及车间的各个死角，都要彻底搜寻和清理。认真做好这一步，是树立良好工作作风的开始。

日本有的公司还提出了这样的口号：效率和安全始于整理！通过整理可以达到：

——改善和增加作业面积；

——工作现场无杂物，行道通畅，提高工作效率；

——减少磕碰的发生，保障安全；

——减少了操作中由于乱放、混料等引起的差错事故；

——有利于减少库存量，节约资金；

——改变传统作风，提高工作效率。

整理之后是整顿，整顿时必须将物品与非必需品区分开，在工作岗位上不要放置不需要的物品。对每件物品都要确认是不是必要的，是不是非这样放置不可，同时要对马上用到的、暂时不用的、长期不用的加以区分，即把需要的人、事、物加以定量、定位。之后，对工作现场需要留下来的物品进行科学合理地摆放，从而为工作需要带来方便。

必需物品一定要放在任何人都能立即取到的位置。从这个意义上说，整顿其实也是研究提高效率方面的科学。它研究怎样才可以立即取得物品，以及如何能立即放回原位。

任意决定物品的存放并不会让你的工作速度加快，只能使你的寻找时间加倍；你必须分析考虑怎样才能拿取物品更快捷，并让大家都能理解这套方案，遵照执行。

整顿活动要特别注意如下要点：

首先，物品摆放的位置要科学合理，以便于寻找的时间减为最少，消除因混放而造成的差错。例如，根据物品使用的频率，经常使用的应放得近些，偶尔使用或不常使用的则应放得远些。

其次，物品摆放最好要可视化，出现异常（如丢失、损坏）能马上发现，摆放不同物品的区域最好采用不同的色彩和标记加以区分。

清扫和清洁

5S 活动法另外两个重要内容是清扫和清洁。

清扫首先要求将岗位变得无垃圾、无灰尘，干净整洁，使客户满意，员工心情舒畅。这项工作需要公司所有人员共同来完成，最好能分配每个人应该负责清洁的区域，分配区域时应该清楚地划清界限，不要留下无人负责的死角。

每个人都要对自己的区域认真负责，因为在生产过程中会产生灰尘、油污、铁屑、垃圾等，它们不但会使设备精度降低，影响产品质量，同时，肮脏的现场还会影响人们的工作情绪，使人不能专注于工作。所以，必须通过清扫来清除那些脏物，创造一个全新的工作环境。

清扫时要把握以下要点：

首先，工作场所要保持干净、整洁、明亮，设备出现故障时可以马上修理，防止其在使用中出现"罢工"；任何异常，包括一颗螺丝掉在地上都可以被马上发现。

其次，工作中使用的物品，如设备、工具等，要亲自清扫，不要有依赖心理，最好也不要增加专门的清扫工。

再次，对设备清扫时要着眼于对设备的维护、保养，即清扫设备时要做好设备的润滑工作，清扫也是一种保养。

最后，清扫也是为了改善工作条件，如清扫地面发现有飞屑和油水泄漏时，要查明原因，并及时采取措施加以改进。

要经常坚持做好整理、整顿、清扫工作，并使之成为一种制度和习惯，决不能半途而废。在经过整理、整顿、清扫三个环节之后，需要认真维护，使现场保持最佳状态。

清洁，是对前三项活动的坚持与深入，从而能持续保持一个良好的工作环境，使职工愉快地工作。

清洁活动中要着重做好以下几个方面的工作：

首先，车间环境不仅要整齐有序，而且要做到清洁卫生，从而有利于提高工人的劳动热情。

其次，不仅要做到物品清洁，而且工人本身也要保持清洁，如除工作服、仪表要保持整洁外，工人还要及时理发、刮须、修指甲、洗澡……做好个人卫生工作。

再次，工人不仅要做到形体上的清洁，而且要做到精神上的"清洁"，待人讲话要礼貌，要尊重别人。没有人员素质的提高，各项活动就不能顺利开展，即便开展了也不可能长久地坚持下去。所以，抓 5S 活动，要始终着眼于提高人的素质。

最后，尽量不要使环境受到污染，及时消除混浊的空气、粉尘、噪音和污染源。

三无原则

日本工厂一向以清洁和井然有序著称。通过实行 5S 活动法，他们把严格的秩序观念灌输给工人，特别是管理层。

5S 活动法背后的逻辑是，工作场所的清洁、有序和严格的纪律是生产高质量产品，减少或杜绝浪费，提高生产率的基本要求。

在日本工厂，工作中凡是和生产过程有关的物品都需要清理干净并做检查；实行分片包干，并规定打扫次序和要检查的问题；一旦打扫和检查办法制成了表格，就要立刻实行，以保证生产过程的正常进行。

整齐和清洁反映了全面效率。为此要充分运用 5S 法的预防步骤：预防性清除、预防性整顿、预防性打扫。同时，需要了解工厂的弱势所在，并全力以赴去改变它们，发扬工厂的强项。通过掌握 5S 法的前三个要点即加强标准化，工厂就能成为典型的 5S 工厂。

只要每个人都出把力，工作场所就能始终保持干净清洁。其窍门在于首先要记住"三无"原则：无非必需物品、无乱堆乱放、无尘土。

　　在所有的5S步骤中，最复杂的要算整顿工作，其中复查很重要，最好用表格做一些相关的评估。

　　其次要记住有三大块地方必须打扫：仓库区、设备和周围环境。

　　最好把工作场所划分成小块区域以作为分配单元，然后列表排定值日顺序，确定各个人的清洁时间、地点和清洁内容。把责任图和时间表挂在人人都能见得到的地方。同时要建立起每日5分钟打扫的习惯，听起来5分钟太短，但如果打扫效率高，做出的成绩会让你吃惊。

　　所以要使自己的企业成为真正的5S企业，必须在多方面做好工作，因为这样做不但在行业内会被称赞为最干净、整洁的工场，让人们感到心情舒畅，招揽更多的忠实顾客，还可以提高企业的知名度。

人造环境

　　开展富有建设性的批评是实施5S的基础步骤。最理想的做法是创造一种工作环境，在这种环境中很容易就能看出其中的缺陷，并及时采取相应的措施补救。因此，最好将这个场所的卫生等情况列成表，并张贴在每个人都能看到的地方，同时奖励成绩最佳的作业区的员工，激励他们进一步改进。

一旦形成好的工作环境，人们就可以正确地按照规定的要求去做，当然在你这样做的同时，别总是想"东西很乱，我得把它整理好"，应该想"东西很乱，怎么造成的呢？""为什么仓库凌乱不堪呢？"或许你会发现造成这种问题的是下面的一些原因：

　　放料的地方不固定，或者不够明确。这时要特别注意运用5S的几个要点。没有遵守规章制度，因此应在全厂上下加强工作纪律。存放的物品过量，超出了5S三要点的要求。此时要制订只存放必需物品的库存制度。

　　5S活动中，建设性批评无助于防止事故的多次发生。事故和失误的数量减少只能通过系统化的教育和严格的纪律来避免。

　　所以，在这些方面，工厂每年应花几个月时间在全厂贯彻5S。可以举办各种类型的活动，包括5S研讨会和5S竞赛；厂长和其他上层领导最好一月巡视一次工厂，并对各部门的5S进展做出评价；创办一份5S简报，以此来对全厂的5S工作进行宣传或进行全面教育。这些都可以起到理想的效果。

　　我们有必要创造一种使人心情愉快的工作环境。因为这种喜悦的心情并不是公司带给我们的，而是我们自己创造出来的，我们应为此感到自豪和骄傲。

　　"人造环境，环境育人"，员工通过对整理、整顿、清扫、清洁、修养的学习，使自己成为一个有道德修养的职业人，这时，整个公司的环境面貌也就随之改观。

灵活运用

实行 5S 管理有许多可取之处，同时，也可将其应用于实施 ISO9000 的企业中。实践证明，将 5S 管理作为实施 ISO9000 的辅助方法，在实施 ISO9000 的企业中能起到良好的促进作用。

企业实施 ISO9000，首先需要营造一种"人人积极参与，事事符合规则"的良好氛围，这恰恰也是 ISO9000 咨询工作的重点和难点。5S 的推行在这方面起到了显著的推动作用，这是因为，5S 各要素所提出的要求都与员工的日常行为息息相关，比较容易被他们接受，而且执行起来难度也不大，有利于调动员工的参与积极性，从而更容易带动企业的整体氛围。

实施 ISO9000 所产生的效果需要经过一定的潜伏期才能表现出来，而现场管理的效果却是立竿见影的。在推行 ISO9000 的过程中，可以通过导入 5S 在短期内获得良好的现场管理效果，并可以增强企业中各个阶层的信心。

5S 注重从小事做起，不放过每一个环节，而与产品质量相关的各项工作都离不开这些环节。因此，每位员工都要养成按要求工作的习惯。反之，即使 ISO9000 的制度再好，没有好的工作作风，产品质量的提高也无从谈起。

通常，在企业中推行 5S 要先后经过确定推行组织、制定激励措施、培训和宣传、全面执行 5S、监督和检查几个环节。

——确定推行组织

这是企业实行 5S 成败的关键环节。任何一项复杂的工作，都特别需要有专人负责组织开展，推行 5S 也不例外。实施 ISO9000 的企业内通常会设立一个类似于 ISO9000 领导小组的机构，在通常情况下，让该机构来承担推行 5S 的职能是比较合适的。

——制定激励措施

实施 ISO9000 的企业往往会制定相应的激励措施，在制定该措施时应纳入有关 5S 的激励内容。按照 ISO9000 的要求，这些措施便可认为是企业内部的"法律"，有了明确的书面文件，员工就会知道哪些应该做，哪些不应该做。类似于企业实施 ISO9000 一样，实行 5S 同样也要编制相应的书面文件，这些文件均可列入 ISO9000 质量体系文件的相应范畴中。

——培训和宣传

很明显，在此过程中培训的对象是全体员工，主要内容是基于 5S 基本知识，以及本企业的 5S 指导性文件。宣传则起着潜移默化的内在作用，旨在从根本上提升员工的 5S 意识。本环节可与实施 ISO9000 的文宣阶段结合起来进行。

——全面执行 5S

这是推行 5S 的实质性阶段。员工的不良习惯能否得到有效改善，能否在企业中建立起一个良好的 5S 工作氛围，这个阶段显得尤为重要。本环节可与 ISO9000 质量体系运行阶段结合起来进行。

——监督和检查

这个阶段的目的是在推行 5S 的过程中，通过不断监督、检查，使企业的 5S 相关文件在每位员工心中留下"深刻的烙印"，并最终在工作中形成个人的习惯。本环节可以与 ISO9000 质量体系中的内部质量审核活动结合起来进行。

综上所述，在实施 ISO9000 的企业中推行 5S 管理，不但可以充分利用 ISO9000 的原有资源及一些成功的经验，而且还可以对 ISO9000 的正确实施起到积极的促进作用。

贵在坚持

在 5S 活动中，良好工作环境的形成，不能只靠添置设备，或指望上级的管理。应当充分依靠现场人员，由现场的工作人员亲自动手为自己创造一个整齐、清洁、方便、安全的工作环境，使他们在改造客观世界的同时，也改造自己的主观世界，产生"美"的意识。

开展 5S 活动时，会从生产现场清理出许多废弃物。其中，有的只是在现场无用，但可以用于其他地方；有的虽然是废物，却可变废为宝。

这些物品都应想方设法加以再利用，需要报废的也应按报废手续办理并收回其"残值"，切不可当作垃圾一扔了之。对于那种大手大脚、置企业财产于不顾的"败家子"，应及时加以批评、教育，情节严重的要给予适当的处分。

5S活动开展起来比较容易，可以搞得轰轰烈烈，并在短时间内取得明显的效果，但是要长期坚持下去，并不断优化就不那么容易了。不少企业曾发生过"一紧、二松、三垮台、四重来"的现象便是很好的例证。

因此，开展5S活动，贵在坚持。为将这项活动坚持下去，企业首先应将5S活动纳入岗位责任制，应使每一个部门、每一个人员都有明确的岗位责任和工作标准。

其次，要严格、认真地做好检查工作，以及评比和考核工作，将考核结果同各部门和相应人员的经济利益挂钩。

再次，在检查考核后，还必须针对具体问题，提出改进的措施和计划，使5S活动坚持不懈地开展下去。

最后，要通过检查，不断发现问题，不断解决问题，从而通过这种循环往复来不断提高现场的"5S"水平。

参与管理法

佛斯特轮胎公司最引以为荣的一项政策，便是所谓"全员参与性的管理方式"。

——法兰克·李（佛斯特轮胎公司总经理）

神圣的发言权

20 世纪 30 年代，美国心理学家梅奥（E. Mayo）在霍桑进行了一系列实验后，提出了"社会人"假设，他认为人的工作是以社会的需要为动机的，人们希望管理者能够满足自己的社会需要和自我尊重的需要。持这种人性假设的管理者提出了"参与式管理"的形式，让员工在不同程度上参与企业决策的研究和讨论。

20 世纪 50 年代的工作生活质量（Quality of Work – life）运动的兴起为参与管理方式的出现提供了有利条件。一些管理者开始注意到员工在工作中对健康、安全的重视，特别是工作满意度的问题。六七十年代，欧美一些国家通过立法或政府成立有关组织的方式来关注和改善人们的工作、生活质量。

20 世纪 50 年代末期，麦格雷戈（D. Mc Gregor）等人提出了"自动人"的人性假设，并结合管理上的一些问题将其概括为 Y 理论。

麦格雷戈认为，在适当的条件下采取参与式的管理，鼓励员工为实现组织的目标充分发挥创造力，使人们在与自己密切相关的事务的决策上拥有一定的发言权，能为企业带来巨大的收益。它在某种程度上满足了员工自我实现的需要。

在 20 世纪 80 年代具有重大影响的《Z 理论》的作者威廉·大内，在其著作中首次提出了"Z 型组织"的概念。他认为：使员工关心企业是提高生产率的关键。因此，企业应实行民主管理，即职工参与管理。

他提出的理论是继行为科学的 X 理论、Y 理论之后，对人的行为从个体上升到群体和组织的高度来进行研究的。这种理论认为人的行为不只是个体行为，而且也是整体行为。Z 理论为以人为本的管理提供了具体的管理模式。

因此，所谓的参与管理，是指在不同程度上让员工和下属参与组织的决策过程及各级管理工作，让他们与企业的高层管理人员处于平等的地位，来共同研究和讨论组织中的重大问题。员工因为能够参与商讨与自己有关的问题而受到激励，他们可能因此感受到上级主管对他们的信任，从而体验到自己的利益与组织的发展密切相关，进而产生强烈的责任感。同时，参与管理为员工提供了一个获得别人尊重和重视的机会，从而还会产生一种成就感。

参与式管理隐含的逻辑是：通过员工参与来影响组织的决策，增加他们的自主性和对工作、生活的热情。这样，员工的积极性会更高，对组织会更忠诚，因此可以极大地促进组织工作效率的提高。

参与管理可以让下属人员切实分享上级的决策权，因此，它尤其受到年轻一代和高学历员工的青睐。它不但可以对个人产生激励，也为组织目标的实现提供了根本的保证。

参与管理的因素

让员工参与管理，即通过增加组织成员对决策过程的参与，来影响组织的绩效和员工的工作满意度。在它的实施过程中有四个关键性的因素：

首先是权力，即提供给人们足够的做决策的权力。这种权力的形式是多种多样的，主要有工作方法、客户服务、任务分派、员工选拔等。授予员工的权力大小通常会有很大的变化，从最简单地要求他们为管理者做决策输入一定的信息，到让他们联合起来做决策，最后到让员工自己做决策。

其次是信息，信息在决策过程中具有举足轻重的作用。组织应该首先保证必要的信息能准确无误地流向参与管理的员工。这些信息主要包括一些运作过程或结果中的数据，如业务计划、竞争状况、工作方法、组织发展的观念等等。

再次是知识和技能，参与管理的员工应具备做出好决策所必须具备的知识和技能。组织应提供相应的培训和锻炼来提高员工在这方面的能力。

最后是报酬，报酬可以有力地吸引员工参与到管理中，一方面他们可以获得内在的报酬，如自我价值与自我实现的情感；另一方面还可以获得外在的报酬，如工资、晋升等。

在参与管理的整个过程中，上述几个方面的因素必须同时发生作用。那种仅仅授予员工作决策的权力，却不能使他们得到必要的信息和知识技能，是无法让他们作出好决策的。

需要强调的一点是既给予员工相应的权力，同时又保证他们可以获取足够的信息和技能，并对他们进行相应的培训和提高，而并不将绩效结果的改善与报酬联系在一起，员工同样会失去参与管理的动机与热情。

让员工过把管家瘾

员工在人们眼中一向被看作是被管理的最下层，而在一些国家中，有的公司开始注重吸收管理人员和员工直接参加生产经营目标的制定工作，从而让员工切实感受到他们是在为实现自己所制定的目标而工作。

参与管理意味着员工们享有根据法律或合同规定的，推选代表参加公司经营管理的权利。20 世纪初这种制度就已经在西方国家兴起，目前它已成为法定的公司管理形式。现代公司的经营管理体制正日益向民主化方向发展，而这种管理的民主化又突出表现为员工参与管理。所以说，员工参与制一方面是公司股份制发展的必然要求，另一方面它又是现代管理活动发展的必然趋势。

员工参与管理的形式主要包括咨询、谈判和参加生产经营目标的制定。企业管理委员会或职工代表咨询会议可以就公司的经营方针、劳动报酬、盈利及其分配、人事安排、职工福利等方面进行咨询或提出建议。

员工参与管理的另一种比较流行的形式是集体谈判。工会或其他员工代表组织在劳资双方的集体谈判中，不仅在确定工资、改善劳动条件等方面维护员工的利益，更重要的是直接介入公司的投资、财务、人事管理等方面，直接参与公司的经营管理活动。

质量圈是一种常见的参与管理形式。它主要是讨论质量方面的问题，分析问题出现的原因，并提出解决方案，监督实施修正计划。

质量圈通常是由一组员工和监管者组成的共同承担责任的工作群体。他们定期或不定期会面，讨论技术问题，以及探讨问题存在的原因，提出解决方案。他们承担着解决质量问题的责任，并对反馈意见进行评价，不过管理层一般保留建议方案，并拥有实施与否的最终决定权。由于多数员工都不具备分析和解决质量问题的能力，所以，质量圈还包含了对参与的员工进行质量测定与分析技巧、群体沟通技巧等方面的培训。

美国东方航空公司曾经实行过这样的计划：允许作业人员对直接影响他们工作的决策有充分的发言权。在实施这项计划之后，仅仅机械技工的生产效率就有很大的提高，效益增值合计5000万美元。

充分让员工拥有所在公司一定数额的股份也是一种常见的参与管理形式。它使员工一方面将自己的利益与公司的利益联系在一起，同时可以让员工在心理上拥有一种主人翁的感受。并且，员工股份所有制方案能够提高员工工作的满意度。员工除了具有公司的股份外，还拥有定期被告知公司的经营状况，以及拥有对公司的经营施加影响的权力。当这些条件都具备后，员工便会全身心地投入到工作中，而且会对自己的工作更加满意。

让员工参与管理在一定程度上提高了员工的工作满意度和工作效率，所以，参与管理在欧美一些发达国家得到了广泛的应用，并且其具体表现形式也是多种多样的。

但是，参与管理并非适用于任何企业的任何情况。在需要迅速做出决策时，领导者还是应该保持适当的权力集中，而且，参与管理要求员工具有解决实际管理问题的能力，这对于员工来说也具有一定的难度。

群众路线丢不得

职工参与管理就是实行企业生产或服务过程的群众路线，允许职工对企业管理和决策提出批评和建议，给予职工适当的与工作相称的决策权，允许失败并鼓励探索。

总体上讲，企业管理有四种基本的管理模式：命令式管理、传统式管理、协商式管理、参与式管理。命令式管理和传统式管理是集权式管理；而协商式管理和参与式管理则属于以人为本的企业管理。

根据企业的人员素质和不同的管理要求，可以把参与管理细分为四种管理类型：控制型参与管理、授权型参与管理、自主型参与管理和团队型参与管理。参与管理模式的关键在于员工的参与。

职工参与管理的最初形式是控制型参与管理。它的特点是等级和高层组织仍然发挥主导作用，但管理的一部分权限和任务被赋予工人，它初步调动了职工的参与热情。管理过程中由职工提出问题和建议，并部分参与解决问题的过程和新方案的设计，但最终方案的确定和实施，是在工程师和管理人员的控制下进行的。

控制型参与管理适合在刚实行参与管理模式的企业中使用。具体地说，它还不属于真正意义上的参与管理，只是传统管理向现代管理的一种过渡。控制型参与管理特别强调控制，在传统的自上而下的管理模式基础上，引入了自下而上的管理反馈机制，让员工的建议和意见有一个正式的反馈渠道，这种渠道的建设和管理仍然由管理人员负责。

有时上一级需要把一些权力下放到个别职员身上，让他们来完成一些局部决策。在这种管理中，更多的管理权限和任务被赋予工人，职工也有较高的参与热情，这些职工的文化教育水平通常都比较高。

在这一阶段，要使工人不仅能够提出建议，而且能制定具体的实施方案，要以职工为主导完成新方案的设计和实施，使职工的自我管理能力得到加强。

在这种参与管理过程中，员工被赋予少量的决策权，以便能够较灵活地处理职权以内的一些事务。授权型参与管理的重要性在于它促使员工养成了自主决策，并对决策负责的工作习惯。在这个阶段，要允许员工犯错误，但不可以连续犯同类的错误，同时，管理人员的管理职能逐渐转化为指导职能。

个人管理与团队管理

在参与管理中，员工具有更大的决策权限，同时对决策的失误负有更大的责任。公司对每位员工实行目标管理，此时，管理者的职能也从指导职能逐渐转化为协调职能。

在这种模式中，许多参与管理的经验经过多次验证后，认为是切实可行的，从而可以成为一种管理制度，一些职工参与管理的组织也就随之诞生了，劳资关系变得更为协调并得到巩固。

有些工作决策是个人能力所不及的，必须通过一个组织来解决。此时，团队型参与管理模式应运而生。团队型参与管理是参与式管理的较高形式，它打破了传统的行政组织结构体系，根据公司发展的需要临时组建或撤销职能团队。每个职能团队中的成员可以自由组合，也可以由公司决策层决定。由于部门的撤销，大量的管理人员将加入团队，因而他们也就失去了管理的工作职能。

在团队中，可以由团队成员自主选择团队协调人。团队协调人不是团队的领导，并没有给其他成员安排工作的权力，他只是在团队与外界发生"冲突"时发挥调解人的作用。团队协调人也并没有公司的正式任命，因此可以根据团队的需要随时选举或撤销。团队协调人也有自己的岗位工作，与团队其他成员享有同等的待遇。公司给每个职能团队指定工作目标后，由团队成员讨论达成工作目标的方式，然后各自分工、相互协作，共同来完成工作。

参与管理需要管理者与员工进行磋商，引导员工参与研究问题并进行决策，这样他们就形成一个团队并一起工作。管理者既不是包揽一切的独裁者，也不是放弃管理职责的自由放任者。参与式管理要求管理者仍然对自己企业负有最终的责任，但他们必须学会与执行工作的员工们一起承担这种责任。

这里的参与是指在群体条件下，通过个人的脑力和感情的投入，使得他们能够为组织目标的实现出谋划策，并分担责任。参与应当是一个人全部的自我投入，而不是任务的投入，以及单纯的技能投入。同时，参与也是心理上的，而并非专指身体上的参与。

在企业经营管理活动中，参与管理往往会提高员工工作绩效和工作满意度。随着受教育水平的不断提高，员工会逐步提高解决工作中实际问题的能力，他们不但渴望参与到与工作相关的决策中，而且会非常关注他们的意见或建议能否受到上级的重视。管理者需要为他们创造参与条件，使得员工能感受到参与的乐趣和成就感。

B公司下属一家制造厂出现亏损，最高管理层提出以下两种解决方案：第一种方案是将部分元件的生产转包出去，这就意味着将有180名员工被解雇；第二种方案是激发该厂员工的积极性，让大家提出切实可行的节约成本的建议。

经决定后，公司采用了第二种方案。不久，一个员工团队应运而生，他们开始为节约成本收集各方建议。经过6个月紧张的努力和分析，团队建议公司应实施一系列根本性变革，预计每年可节约数百万元的费用支出。最后这些建议被管理层所接受，事实证明一系列的变革是卓有成效的。

B公司的工厂之所以能扭亏为盈，正是得益于采用了参与式管理的管理模式。它充分调动和发挥了员工的主观能动性和积极性，让雇员以雇主的身份来分析问题和解决问题，并最终化解了企业存在的风险，同时也使员工自身摆脱失业的危险。这是一个典型的企业与员工共同受益的双赢过程。

附录：法兰克·李[①]谈参与管理法

佛斯特轮胎公司最引以为荣的一项政策，便是所谓"全员参与性的管理方式"。这种全员参与性的管理方式，最大的特色就是，每个决策都是一项共同决策。因此，各人虽然在职务上有所分别，在做决定的权利上却都彼此相等。

这种管理方式的先决条件，是必须保证公司内的信息交流非常畅通。最上层的主管必须将各项商业消息、争议焦点及最后决定等，以最迅速、精确的方式传达给中级主管，中级主管也必须对下级干部传达同样的消息。如此，消息层层下达，个人做判断时才能正确无误。

这事听来简单，做起来则颇为不易。首先，必须消除主管人员的本位主义和官僚气息，避免他们为了保持权威感而将消息"留一手"。因此，选择主管人员时，必须特别小心，注意他是否心胸广阔、开朗、态度活泼、谦和，否则，一个主管"留一手"，整个这种讲求开放的"全员参与性的

---

①法兰克·李：佛斯特轮胎公司总经理。——编者注

管理方式"就完全失效了！

而就最高阶层的主管人员而言，由于他们所需接触的层面极广，相关消息也很多，因此，彼此间的交流不能只用公文、信件复印等方式进行，而必须依赖彼此间的言谈沟通，每天势必要有六至十次的交谈，以便互相了解对方的工作状况和互通最新消息，因此，要采取这种管理方式，另一个条件就是公司的成员不能分在太广的地区，即使今日通信器材再进步，最有效的沟通方式，仍是面对面的交谈，因此，公司成员（至少高级主管）最好能在同一幢办公大楼内。

这种管理方式，有优点，也有缺点。缺点是由于全体人员皆有权参与发表意见，因此效率较低。但优点则是，无论公司中的哪一位主管缺席，都不会影响公司的正常运作。而且，当有突发事件需紧急处理时，每一个主管皆能迅速地做出决定。另一个优点粗看是缺点，即公司内的人员职权不甚分明。这样的情形下，所犯的错误皆由全体员工共同负责，而所取得的胜利，也由全体分享。这种方式看似奖罚分明，另一方面却更促进了全体人员的凝聚力和团结性。

不过，实施这种制度时，尚有另一要点，便是一旦下了决定后，全体人员必须不再有任何争议，同心协力，全力以赴。由于每个人都参与过决定，因此反而比把不满情绪放在心中更易完成这种合作。而且，上级主管所下达的是政策性的命令，实行方式执行时间则由中级主管共同决定。因此，每个主管都有参与决策权，但仍保有个人的部分自由决定权。这样，才能真正达到自由、开放的"全员参与性的管理方式"。

目标管理法

> 任何企业都必须形成一个真正的整体。企业中每个成员所做的贡献虽然各不相同，但是，他们都必须为着一个共同的目标而奋斗。他们的努力必须全都指向同一方向，他们的贡献都必须融为一体，没有冲突，没有不必要的重复劳动。
>
> ——彼得·杜拉克（久负盛名的管理学大师）

谁是目标管理的创始人

要想准确地指明究竟谁是目标管理的创始人并不容易，但彼得·杜拉克被公认为是对目标管理的发展和系统化做出了重大贡献的杰出人士。

1954 年，杜拉克在《管理实践》一书中首先提出了一个具有划时代意义的概念——目标管理（Management By Objectives，简称为 MBO），它是杜拉克所提出的最重要、最有影响力的概念，并已成为当代管理体系的重要组成部分。

杜拉克认为，任何企业都必须形成一个真正的整体。企业中每个成员所做的贡献虽然各不相同，但是，他们都必须为着一个共同的目标而奋斗。他们的努力必须全都指向同一方向，他们的贡献都必须融为一体，产生一种整体的业绩——没有隔阂，没有冲突，没有不必要的重复劳动。

目标管理主要以泰罗的科学管理和行为科学理论为基础，到20世纪80年代发展为比较成熟的一套管理制度。其核心内容是：

目标管理是管理者通过"目标"来管理部下，而不是用"手段"或"手续"来管理部下。

实施这种制度，可以使员工亲自参与工作目标的制定，从而实现"自我控制"，并努力完成工作目标。而对于员工的工作成果，由于有明确的目标作为考核标准，从而对员工的评价和奖励显得更客观、更合理，因此可以很大程度激发员工为完成组织目标而努力。

简言之，目标管理就是让组织的主管人员和员工亲自参加目标的制定，并让他们靠自己的积极性去完成，在工作中实行"自我控制"的一种管理制度或方法。

目标管理提出不久，便在美国得到了迅速传播。正值第二次世界大战后西方经济逐步由恢复转向迅速发展的时期，企业急需通过采用新的管理方法来提高劳动生产率和产品的竞争能力，目标管理的出现随即得到了广泛应用，继美国之后，日本、西欧国家的企业陆续采用了这种管理方法，惠普公司就是最早推行这种管理方式并从中获得成功的跨国公司之一。

关注行为的结果而非过程

目标是在一定时期内（通常为一年）组织活动的预期成果，也是组织使命在一定时期内的具体化，还是有效衡量组织活动的一个标准。

由于组织活动是个体活动的有机叠加，所以各个员工、各个部门对组织目标做出一定的贡献，是组织目标实现的前提。因此，如何使全体员工、各个部门积极主动、设法为组织的总目标努力工作是管理活动有效性的关键。

作为一种商业化的营利性组织，公司有着明确的经营理念和经营目标，而经营目标的实现有赖于公司全体成员的共同努力。然而，公司是由各个职能部门和作业单位所构成的，员工因分工处在不同的岗位上，各自的努力程度、工作进度等可能会不一致。

那么，有什么方法可以保证公司上下各个部门、各个岗位在既定的时间内完成自己应该完成的工作，而这些工作综合起来却恰好又是整个公司的运作目标呢？

许多公司多年的管理实践表明，有效的管理方式之一就是"目标管理"。

南方卫理工会大学商学院的理查德·巴斯柯克认为目标管理这一概念具有哥白尼"日心说"般的突破性效应："杜拉克注重管理行为的结果而非对行为的监控，这在管理史上是一个重大的贡献。因为他把管理的整个重点从工作努力——输入，转移到生产率——输出上来了。"

他同时认为，并不是有了工作才有目标，恰恰相反，有了目标才能确定每个人的工作。所以"企业的使命和任务，必须转化为目标"，企业的各级主管必须通过这些目标对下级进行领导，以此来达到企业的总目标。

如果一个范围没有特定的目标，则这个组织必定被忽视，如果没有方向一致的分目标来指导各级主管人员的工作，则企业规模越大，人员越多，发生冲突和浪费的可能性就越大。

管理者应该通过目标对下级进行管理，当组织最高层管理者确定了组织目标后，必须对其进行有效分解，转变成各个部门以及各个人的分目标，管理者根据分目标的完成情况对下级进行考核、评价和奖惩。

因此，企业的运作要求各项工作都必须以整个企业的目标为导向，尤其是每个管理人员必须注重企业整体的成果，每个人的成果是由他对企业目标所做出的贡献来衡量的。经理人必须知道企业要求和期望于他的是些什么。否则，经理人可能会迷失方向，浪费精力。

能够对自己的行为负责

目标管理的具体形式虽然各种各样，但其基本内容是一样的，它是一种程序或过程。这种管理方法可以使组织中的上级和下级一起协商，根据组织的发展目标确定一定时期内组织的行进计划，由此决定上、下级的责任和分目标，并将这些目标作为组织经营、评估和奖励每个单位和个人的标准。

从总体上看，目标管理指导思想是以 Y 理论为基础的，这种理论认为在目标明确的条件下，人们能够对自己的行为负责。与传统管理方式相比目标管理具有以下鲜明的特点：

——目标管理是参与管理的一种形式

目标的实现者同时也是目标的制定者，即由上级与下级在一起共同确定目标。首先确定总目标，然后对总目标进行分解，逐级展开，通过上下协商，制定出企业各部门、各车间直至每个员工的目标。用总目标指导分目标，用分目标保证总目标，形成一个"目标—手段"链。

——重视人的因素

目标管理是强调民主的管理方法，同时还是一种把个人需求与组织目标结合起来的管理制度。实施这种方法时，要求上级与下级的关系是平等、尊重、依赖、相互支持的，各级人员在承诺目标或被授权之后是自主、自觉和自治的。

——强调"自我控制"

大力倡导目标管理的杜拉克认为，员工是愿意负责的，是愿意在工作中发挥自己的聪明才智和创造性的。如果我们控制的对象是一个社会组织中的"人"，则我们应"控制"的必须是行为的动机，而不应当是行为本身，也就是说必须通过对动机的控制来达到对行为的控制。

目标管理的主旨在于，用"自我控制的管理"代替"压制性的管理"，它使管理人员能够控制他们自己的行为。这种自我控制可以成为他们更强烈的动力，推动他们尽最大努力把工作做好，而不仅仅是"过得去"就行了。

当管理将客观的需要转化成为个人的目标时，人们可以通过自我控制达到目标，从而获得一种成就感。

——建立目标锁链与目标体系

将组织的整体目标按照目标管理专门设计的过程进行逐级分解，使之形成各单位、各员工的分目标。从组织目标到经营单位目标、部门目标，直到个人目标。

在目标的分解过程中，首先要严格明确各级人员的权、责、利关系，而且做到相互对称。所有目标要方向一致，环环相扣，相互协调，形成一个有机的目标体系。为了保证整个企业总目标的完成，每个人员必须要完成自己的分目标。

——促使权力下放

集权和分权的矛盾是组织的基本矛盾之一，唯恐失去控制是阻碍大胆授权的主要原因之一。推行目标管理有助于协调这一对矛盾，促使权力下放，有助于在保持有效控制的前提下，把局面搞得更有生气一些。

——注重成果第一的方针

采用传统的管理方法，往往容易根据印象、本人的思想和对某些问题的态度等定性因素来评价员工的表现。实行目标管理后，由于有了一套完善的目标考核体系，从而能够按员工的实际贡献大小如实地评价每一个人。

目标管理以制定目标为起点，以对目标完成情况的考核为终点。工作成果是评定目标达到情况的标准，也是人员考核和奖惩的依据，同时还是评价管理工作绩效的唯一标志。至于达到目标的具体步骤、途径和方法，上级则不宜过多干预。

因此，在目标管理体系中，监督不占有支配地位，而控制目标实现的能力却显得很重要。

建立一套完整的目标体系

实施目标管理时首先要建立一套完整的目标体系。

目标是目的的具体化，是一个组织奋力争取所需达到的一种状况。具体地讲，目标是根据企业宗旨而提出的企业（组织）在一定时期内要达到的预期成果。

实行目标管理，首先要建立一套完整的目标体系。这项工作总是从企业的最高主管部门开始，然后由上而下地逐级确定目标。上下级目标之间通常是一种"目的手段"的关系。某一级的目标，需要用一定的手段来实现，这些手段就成为下一级的次目标，按级顺推下去，直到作业层的作业目标，从而构成一种锁链式的目标体系。

建立一套完整的目标体系是目标管理最重要的阶段，它可以细分为四个步骤：

——高层管理预定目标

这个目标既可以由上级提出，再与下级讨论，也可以由下级提出，由上级审批。无论哪种方式，必须共同商量决定。同时它还是一个暂时的、可以改变的目标预案。领导必须根据企业的使命和发展战略，正确评价客观环境带来的机会和挑战，更要对本企业的优劣势有一个清醒的认识。以便对组织应完成的目标有一个足够的认识。

——明确组织结构和职责分工

在目标管理中，要求每一个分目标都有明确的责任主体。因此设定目标之后，就需要重新认识现有组织结构，并根据目标体系要求进行调整。

——明确下级的目标

首先要向下级明确组织的远景规划和发展目标，随后再确定下级的分目标。在讨论中上级要尊重下级，耐心倾听下级意见，指导他们制定一致性和支持性目标。分目标尽量做到具体化，同时还要分清轻重缓急，防止顾此失彼。制定的分目标既要有挑战性，同时又要有可操作性。员工和部门之间的分目标要和其他的分目标之间协调一致，从而更有利于组织目标的实现。

——上级和下级要达成一致意见

分目标确定之后，要授予下级相应的一些资源配置的权力，从而实现权责利的统一。可以由下级写成书面协议，并编制目标记录卡片，由组织汇总所有资料后，制成组织的目标图。

目标既定，主管人员就应放手把权力交给下级人员，而自己去抓重点的综合性管理。如果在明确了目标之后，作为上级主管人员还像从前那样事必躬亲，便违背了目标管理的宗旨，不能获得目标管理的效果。

目标管理强调结果，重视自主、自治和自觉，但这并不等于上级在确定目标后就可以撒手不管了，恰恰相反，由于形成了目标体系，任何一个环节的失误都可能牵动全局，因此，管理者在目标实施过程中的管理是必不可少的。

首先要通过双方经常接触的机会和信息反馈渠道进行不间断检查；其次要向下级说明进度，加强彼此间的互相协调；再次要积极帮助下级解决工作中出现的困难，当出现严重影响组织目标实现的意外、不可测等事件时，必须采取一定的方法，修正原定的目标。

对各级目标的完成情况，要事先规定期限，定期进行检查。检查的方法可以包括自检、互检和责成相关部门进行检查。达到预定的期限后，下级首先进行自我评估，提交书面报告，然后上下级一起考核目标的完成情况，考核的依据主要是事先确定的目标。

对于最终结果，应当根据目标进行评价，并根据评价结果进行奖罚。同时讨论下一阶段目标，开始制定新的目标。

每个人都应该制定自己的目标

传说有一个关于三个石匠的故事，有人问三个石匠在做什么。第一个石匠说："我在混口饭吃。"第二个石匠一边敲打石块一边说："我在做全国最好的石匠活。"第三个石匠眼中带着想象的光辉仰望天空说："我在建造一所大教堂。"

自然，只有第三个石匠才是真正的经理人。第一个石匠知道他要从工作中得到什么并设法去得到它。他很可能会"正当地工作，以便得到公平的报酬"，但他不是而且永远不会是一位经理人。成大事的是第三个石匠。事实上，态度是极为重要的。

任何一个企业，绝大多数的经理人和专业人员，正像第二个石匠那样，关心的只是专业工作。它可能使一个人的眼界和努力从企业的目标转移开来，而把职能性工作本身作为一种目的。

在很多情况下，职能经理不再以他对企业做出的贡献而以他的专业技艺标准来衡量自己的成就。当为了企业的成就而对他提出要求时，他会感到恼怒，认为这妨碍了"优质的工程"或"均衡的生产"。职能经理的这种技艺要求，如果不予以调节，就会成为一种离心力，并使企业成为各个职能王国的一种松散的邦联。这些职能王国只关心自己的专业，保守自己的"秘密"，热衷于扩大自己的领域而不是热心于建设整个企业。

每一位经理人的工作目标，应该用他对自己所属的更高一级单位的目标所应做出的贡献来规定。高一级的管理层必须保留批准下级制定目标的权力。但是，制定自己的目标，却是每一个经理人的责任，并且是其首要责任。它还意味着作为经理人应该参与到他所属的上一级单位目标的制定工作中去。

做一个经理人就意味着承担责任。正因为他的目标应该反映企业的客观需要，而并不是上司或他本人的想法。所以他必须积极地承担起实现企业目标的责任，同时必须知道企业的最终目标。每个经理人还得仔细考虑本单位的目标是什么，并积极而负责地参与制定目标的工作。

只有下一级的经理人用这种方式来参与，上一级的经理人才能知道应该对他们提出什么要求。

对照目标来衡量自己的成果

一个经理人要想有所成就，除了了解自己的目标以外，还必须了解其他一些情况。

同时，他必须能够对照目标来衡量自己的成果。在企业的所有重要领域中，应该提出一些明确的衡量标准。这些衡量标准不一定是定量的，也不一定要十分精确，但必须清楚、简单、合理。它们必须与工作有关并把人们的注意力和努力指向正确的方向。它们必须是可靠的——至少其误差界限是大家所公认的。

通用电气公司的实践表明，信息可以有效地用于自我控制。

通用电气公司有一种专门的控制机制——流动审计员。这些审计员至少每年对公司的各个管理部门做一次全面的分析。此外，他们的报告还要反馈到这些部门，正是源于将这种信息用于自我控制而不是用于上级对下级控制的做法，使得通用电气公司的经理人对公司产生了信心和信任。

目录管理迫使经理人对自己提高要求。如果一个经理人从一开始就假设人们是软弱的、不愿承担责任的、懒惰的，那他就会得到一些软弱的、不愿承担责任的、懒惰的人。如果一个经理人假设人们是坚强的、愿意承担责任的、愿意做出贡献的，他可能一开始会遇到一些令他失望的事情。但是，最后，结果总是证明他们的假设是对的。

目标管理的最大优点在于它使得每一位经理人都能控制自己的成就。即他们有一种要做得最好而不是敷衍了事的愿望，它使得我们能用自我控制的方法来代替由别人控制的管理。

把握目标管理的优势

目标管理在全世界都产生了很大影响，但它在实施中也难免会出现一些问题。因此，在应用前要客观地分析其优劣势，尽量做到扬长避短，而一个成功的企业往往会把握目标管理如下几个方面的优势：

——鼓励员工个人制定既具有挑战性，又具可行性的目标。管理者通过目标管理可以提高员工的工作积极性和绩效，而且在目标实现后，能使员工产生成就感和满足感。

——目标管理对组织内易于量化和分解的目标可以带来良好的效果。对于那些责权利明确，在技术上具有可行性的工作，目标管理常常可以起到明显的效果。

——在目标的指引和限定下，员工能够准确地承担自己的岗位责任，使工作做到有的放矢，它一定程度上还能促使员工有意识地补充自身知识结构的缺陷，为职业发展做进一步规划。

——作为营利性的组织，企业关心的是具体的实效，因此根据员工个人取得的绩效进行考核是符合公司的总要求和目标的。在整个公司系统内制定目标和绩效标准，通过经常性地考核，明确公司对每个人的要求，这有助于促进计划的实现。

——在许多没有实行目标管理的公司，高层管理者不明白下属在忙些什么，因而无法对公司的运作进行有效地规划，这在很大程度上影响了公司的经营业绩。

——实行目标管理，通过层层分解目标，各级管理者特别是高层管理者不但知道自己应该做什么，而且也预先知道了下级要做的事情，从而能够正确地制订工作计划，也比较容易和下级进行沟通，对下级给予明确地指导。

——有了目标管理，部门和岗位的工作任务、完成任务的标准及时限等都实现了透明化，上级能够公正准确地考核其下级的绩效，这有利于人才的培养和员工工作积极性的调动，也有助于实现薪酬管理的公正性。

充分认识目标管理的缺点

虽然目标管理有着一定的功效，但是它的缺点也是非常明显的。管理层在制定政策和实施目标管理的过程中，必须充分认识目标管理的缺点，适时采取适当纠正措施，以保证目标管理的成效。

——目标难定

因为目标是为未来而设，而未来又有不确定性，因此，人们往往很难设定切实可行的具体目标。显然，任何计划都应该包括预计达成工作终点，而不只是陈列待办的工作。如何设定达成的目标，在实施目标管理的最初特别困难。人们往往易于设定过高的目标或长远的目标，但在制定短期工作目标时却很难。

——目标设定可能增加管理成本

目标设定需要上下沟通、统一思想，这都是很费时间的，在实现目标的过程中，每个单位、每个人都关注自身目标的完成，而忽略了相互协作和组织目标的实现，从而滋长本位主义、临时观点，产生急功近利倾向。因此在许多情况下，目标管理所要求的承诺、自觉、自治气氛难以形成。

——目标不容易量化

使目标具有可考核性的最佳方法是使之定量化。但是，许多目标是不宜用数量来表示的，硬性地将某些目标数量化和简单化的做法是危险的，其结果有可能将管理工作引入歧途。因此有些不能定量化的目标可以设定为定性化的目标，通过详细说明其特征和完成日期的方法来提高其考核的程度。

——奖惩未必都能与目标成果相一致，所以很难保证这种奖惩的公正性，这在某种程度上削弱了目标管理的效果。

——环境的变化，公司外部环境的变化也是导致目标管理困难的一个重要因素。

目标管理是一个需要细化的系统工程，它的固有局限性使得人们在实践中往往容易陷入误区。目标管理需要相对稳定的外部市场环境，波动较大的环境将使目标管理过程中所付出的种种努力付诸东流。例如，一些行业上演的所谓价格同盟和价格大战，使得公司生产计划、销售计划、库存计划和财务计划都难以适应这些变化。在易变的环境中，目标往往是一个难以琢磨的未知数，因此它的实际内容必须随着环境变化而不断调整。然而，如何进行调整以及调整到什么程度，便是管理的一个难题。

——过分强调短期目标

几乎在所有实行目标管理的组织中，所确定的目标一般都是短期的，很少超过一年，常常是一季度或更短些。强调短期目标的弊病是显而易见的，因此，为防止短期目标所导致的短期行为，上级主管人员必须从长期目标的角度提出总目标，并制定实现总目标的指导方针。

——缺乏灵活性

目标管理要取得成效，就必须保持其明确性和稳定性，如果目标经常改变，就难以说明它是经过深思熟虑和周密计划的，这样的目标没有意义。

但是，计划是面向未来的，而未来存在许多不确定因素，这又使得必须根据已经变化了的环境对目标进行修改。然而修订一个目标体系与制定一个目标体系所花费的精力相差无几，结果可能迫使主管人员不得不中途停止目标管理。

掌握目标管理的局限性，对于有效地实施目标管理是相当重要的。目标管理在一些国家的管理发展中还是一种新的趋势，各类组织的主管人员还需不断探索，使之不断完善。

尽管如此，目标管理仍然是一种行之有效的管理方法。如果我们根据公司的具体情况，依据科学管理和权变管理等理论方法，在制订目标管理的框架和标准时做到实事求是，并设定纠正偏差的方法，目标管理也不失为一种有效的管理方法，它能极大地促进公司经营绩效的改善。

所以，在企业中实施目标管理时，除了要掌握具体的方法以外，还要特别注意把握工作的性质，着重从其本身的分解和量化出发，提高员工的分析和解决问题的能力，并培养员工职业道德水平和团队合作精神。即要坚持逐步推行，长期坚持，不断完善的原则，从而使目标管理在企业中发挥其应有的重要作用。

知识管理法

在全球 500 强企业中，已有超过 1/4 的企业采用了知识管理法，估计不久这一数字将超过 50%，并在 1 ～ 2 年后有望达到 80% 以上。

——《财富》

企业的三大战略资源

20 世纪 80 年代末，信息化和全球化浪潮席卷全世界，这在一定程度上宣告了知识经济的到来。知识和信息逐步成为与人力、资金并列的企业三大"战略资源"。

知识经济带来的不是一个社会环节的变化，而是整个社会环境基础的根本转变。知识经济引起了社会经济模式的变化，社会经济模式的变化同时还引发了组织形式、规模、发展战略、市场环境、社会思想等一系列变化，这直接导致了对以往经营管理中关键要素（包括知识）的重新定位。

知识经济呼唤自己的管理，只有管理上的变革，才能适应知识经济时代的到来——知识管理便应运而生了。

100 多年前，"泰罗科学管理"引发"企业管理"的第一次革命。21 世纪的今天，全球企业管理如何应对"第二次革命"，迎接这个以"人性化"的知识管理为标志的时代？

这是值得每一个管理者深思的问题，这不是简单地玩"跳棋"，而是要领略"棋"的经济，理解了这种内涵，也就理解了这个时代。

《财富》杂志的一项调查表明，在全球 500 强企业中，已有超过 1/4 的企业采用了知识管理法，估计不久这一数字将超过 50%，并在 1 ~ 2 年后有望达到 80% 以上。

虽然知识管理作为管理界中的一颗新星冉冉升起，但知识管理本身并不是一个全新的思想，许多企业在还未形成明确的意识之前就已经开始操作了。现在提出"知识管理"的概念不仅与信息技术有关，而且也和 20 世纪 80 年代以来新的管理思潮有关。

著名的管理大师彼得·杜拉克在他的《知识社会的兴起》一书中指出，100 多年来，人类经历过三次革命，分别是工业革命、生产力革命和管理革命。这三次革命都是随着人类逐渐揭开知识的神秘面纱而发生的。

第一次革命中知识被应用于工具、过程、产品，形成了工业革命；第二次革命中知识被应用于工作，从而引来了生产力革命；第三次革命中知识被应用于知识本身，从而引起了管理革命。

管理革命带来了管理知识，人们通过深入地反思，对这次管理革命有了更直观、更深刻的认识，那就是对新资源的关注、对知识的关注。这些迅速发展的管理思想，既成了知识管理的前奏、引子，又是知识管理本身。

同时，知识经济也对现代企业管理造成了一些重要影响。知识经济使主导要素从农业经济的土地和工业经济的资金变为人才，这样企业管理的首要任务就变为对知识密集型产品的研发、知识的应用和积累，以及人才的培养和任用等。同时，在知识经济时代，具有智慧和创新能力的人才是主体，而载体是知识本身的价值和使用。

因此，竞争的焦点在于谁能掌握消费者的需求，创造引领时代潮流的产品。知识经济也使企业投资开始转向知识产品及服务，靠无形资产（知名度、信誉、企业形象）的创造和增值来实现企业的成长。

这就是知识管理浮出水面，闪亮登场。

将知识传递给最恰当的人

知识管理是什么？它绝不是一阵时髦，而是决定企业兴衰，甚至生死存亡的关键战略。但是知识管理定义起来并不容易。

具有计算机和信息科学背景的人员，若完全从 IT 的角度来看，知识管理是对数据、信息的管理；具有财务、资本运营背景的人员，从企业资源财产的角度看，企业知识管理等于企业知识资产的管理；具有社会学、人力资源管理等方面背景的人员，从人力资源的角度看，知识管理就是对人员的管理；具有图书馆学、情报学、信息资源管理从业背景的人员，若从图书和情报的角度来看，知识管理就是对物质化的、可视、可读的知识资源的管理；在有技术、科研管理方面从业经验的人员看来，知识管理就等于对学习和创新的管理。

在众说纷纭中，我们要找到一个更通俗的，对企业而言更有实践意义的准确概念很难。

一般情况下，我们可以认为知识管理就是一个企业集体的知识与技能——而不论这些知识和技能是存储在数据库中、固定在纸介质上，还是印刻在人们的脑海里，分配到能够帮助企业实现利润最大化的任何地方的过程。

在一家跨国公司中担任知识总监的杰克认为：知识管理是在日益加剧的不连续的环境变化中，用信息技术处理数据与信息的能力与人们创造和创新的能力，以及这些能力有机结合的组织过程。

从管理领域的实践来看，知识管理应该包括两层内涵：一是对信息的管理。信息是知识管理的对象，是可以在信息系统中被标示和处理的。二是对人的管理。人是知识管理的对象，是知识的有机载体，是行动的基础和主体。

知识管理就是要把组织知识链中的智慧凝聚为组织的竞争力。用一句经典的话来表述知识管理的目标，那就是："力图能够将最恰当的知识，在最恰当的时间传递给最恰当的人，以便使他们能够根据形势迅速地做出正确的决策。"

知识是企业的核心竞争力

知识经济是人类社会新世纪的一道曙光，在知识经济时代，占主导地位的资源和生产要素不再是一般劳动力和资本，而是知识。谁能拥有并合理运用知识，谁就掌握了这个时代的真正主动权。

从企业的外部环境来看，知识将是形成企业竞争优势的最大功臣。企业所拥有的唯一独特的资源就是知识，从大规模生产产品到大规模定制产品，最终到大规模定制知识，是企业经营战略的基本轨迹。

我们从其各自的竞争战略焦点来考察，可以发现企业大致经历了由"基于资源的积累过程"到"基于能力的资源配置过程"，再到"基于知识的能力创新过程"三个阶段。

这三个阶段完全是由现象到本质的过程。前两个过程强调对资源的有效配置和利用，忽视了对知识的挖掘。资源转化是企业价值形成最直观的表现形式，能力配置是优化企业价值的手段，知识的应用和创新才是企业价值形成的直接来源。

从企业自身经营来看，在知识经济时代，随着全球市场竞争的日益激烈，企业对知识的需求日趋复杂，需要充分挖掘、利用和创新企业的知识，并将之以最快的速度应用于企业的运作。

科学的知识管理能够将企业中大量的无序信息有序化，提供知识共享，提高工作效率和创新能力；能够丰富企业的知识储备，吸收个人知识和信息为组织知识和信息；还能够有效掌握供应商、用户和竞争对手等权益关系人的信息等。

因此，知识管理能有效地提高信息化的成功率，优化企业经营，适应企业运作模式的知识化趋向。

1996 年，施乐公司依次在法国、加拿大和美国的分公司引进知识管理项目——EUREKA，利用知识管理技术分析解决问题，以满足消费者的服务要求。

他们采取措施鼓励技师们在分散的地域和不同的空间共享获得的新知识。如建立知识数据库用以储存技师们在实践工作中获取的技术诀窍和信息，并以技师的名字来命名，项目组在知识数据库内加入技师以及审查委员的名字。

事实表明，该项目使施乐公司的法国分公司用于零部件及雇员的开支缩减了50%，平均每1000例服务中就有一项技术诀窍被收入知识数据库，30%的技师在数据库中留下了自己的名字，85%的技师经常查询和利用知识库中的资源，每月平均有5000人次访问该知识数据库。

该项目实现了施乐公司的总目标，即在尽可能接近消费者的地点提供准确而有效的服务。目前该项目已在全球范围内得到了推广。知识管理已经成为现代企业管理者的"仙杜瑞拉（仙女棒）"。

创造知识共享的环境

剑桥信息中心副总裁 Connie Moore 认为，完善的企业知识管理系统至少需要如下几项系统要素来支持：开放的交互操作式计算平台，通信网络，企业的信息、网络内容管理工具，可移植的文件，文件管理系统，进程管理工具等。具备了这些要素后，企业所要做的只是在一个适当的环境中整合这些元素。

这个适当的环境几乎和要素一样重要。过去的经验告诉我们，不顾周围环境，无视自身条件，不明发展方向，盲目地随大流、赶时髦，往往会适得其反。

首先，企业需要一个可以规范的，可自由地共享知识资源的行为环境，这是知识管理操作的基础。这要求管理者首先要解放思想，大胆打破传统的、固有的管理行为模式，由控制转为支持，由命令转为引导，并建立相应的激励机制。通过物质激励、情感激励等方式，在企业内部建立一种个性化的宽松环境，营造出一个团结统一的知识网络团体，避免竞争环境造成组织成员间的内部矛盾。

其次，要合理、有效地利用网络、通信、电子等现代技术手段和设备建立信息控制系统以构成知识管理的支持环境。先进的信息系统能使传统的手工工作趋于程序化、自动化，一旦一些过程可以编程，便可以全权交给信息技术去处理。组织的信息控制系统可以实现最优化经营和效率的可"规划性"。因此，要充分利用现有的技术与设备，发挥其在经营管理中的效用。

再次，知识管理中，企业需要一个具备综合技能、反应能力迅速的"金脑子"。这个"金脑子"作为管理者要能沉着应对外界随时突发的巨变，随变而变，变得合拍，对复杂的现象和发生的变化有丰富的理解力，同时还要具备鉴别有效信息和优秀人才的慧眼、对企业管理的热情和对环境变化的敏锐感觉，以及拥有自我重组、重组管理、重组流程的丰富知识、技能和影响力。

最后，企业必须搭建更高的知识平台。搭建这个平台既能使知识增值，又能创造更多新知识，从而使知识资产的范围扩大，形式也更丰富，这都要求企业在知识管理的层面上要尽可能做到深入、集中和浓缩。

在这方面，全球特殊化工产品市场的"领头羊"——巴克曼实验室就是一个很好的例子。

罗博特·巴克曼在 1989 年承诺要参与知识竞争，此后，仅用 3 年的时间，罗博特·巴克曼和他的伙伴们便建成了一个知识共享网络，开始将知识作为公司具有战略性的资产。

他们首先创造了知识共享的文化环境，主要是信任的氛围。接着又创造了知识共享的学习环境，通过由教师主持的远程学习系统，实现了远程相互交流。最后是开展知识共享的激励活动，在年会上对公司 100 名最优秀的实施知识共享的员工进行嘉奖。

巴克曼实验室在实施管理的活动中营建了一种共享和信任的氛围，为知识管理的教程提供了一则成功的案例。

现代管理的双节棍

把复杂的事物简单化是处理复杂事物最好的方法，诸如企业经营管理这样的工程就可以采用这种处理模式。

知识管理既然已经在世界范围内被广泛重视和试用，其中一定存在可遵循的模式。经常被提及的是哈佛大学教授汉森和罗利亚提出的两种模式：编码管理模式和人物化管理模式。这两种管理模式被人们称为现代管理的"双节棍"。

编码管理模式就是将精心编码的知识贮存在数据库中，以方便企业员工通过计算机网络直接搜寻并调用。它强调投资信息技术，以便开发能迅速收集、传播知识的管理系统，然后通过这些知识的重复利用获得收益，实现规模效应。这样做旨在减少顾客收集知识的时间，节约顾客享用知识的成本。

这种模式中的知识可以被迅速、多次重复地利用，既节省了工作时间，又减少了信息交流成本，使得产品和服务的成本十分低廉，规模经济效益显著。

例如，昂德森咨询公司和安杨咨询公司投入巨资开发先进的电子文件系统，快速地将公司成员的个体知识和信息进行编码、贮存，组成文件数据库，以供公司所有人员通过计算机直接调用。通过这些知识的重新利用，该公司为顾客提供了标准化、高质量、快捷的咨询服务。昂德森、安杨公司的利润也因此每年以20%的速度递增。

人物化管理模式就是知识和知识的所有人结合，未经编码也无法编码的知识通过人员的直接交流得到传播和分享的。它强调投入人力资源，并需大量一流的专家、学者的参与，且花费巨大。

知识编码因为规模庞大、技术先进，大大节约了收集时间，降低了收集成本，具有明显的比较优势。

例如贝恩、波士顿顾问公司，麦肯锡等战略咨询公司，它们经常帮助客户进行业务的区域拓展和国际拓展。这些合作业务往往需要使用内容复杂、学科交叉的最新知识，全部通晓这些知识的人一般很少。如果没有组织、系统，光靠一个"拼命三郎"，即使花再多的钱也不会见成效。

所以，他们只投资大量资金用于信息技术，建立诸如"寻人数据库（People Finder Database）"之类的系统，以求迅速发现那些具有丰富专业知识的人才。这些人才所拥有的知识一般会通过头脑风暴会议或一对一交流得以传播。

有了这些人的深思熟虑、周密论证，麦肯锡公司在帮助顾客进行业务的区域拓展和国际拓展时极大地降低了拓展方案的风险。通过这种管理模式，该公司为顾客提供了高度个性化，且富有创造性的咨询服务。

重视人才，以人为本

知识管理不仅涉及技术相关性问题，而且是对"人、过程、技术"的有机集成。知识管理需要实现的特定价值，首先反映在提高个人和由个人组成的组织的智商上。

知识管理中，知识的价值集中体现在实现个人智商和组织智商的平衡上。在企业的具体决策行为中，个人知识和组织知识的互动是经常发生的，经济形态更加人性化了，人和企业都是极富创造性的。所以，知识管理要人性化，要以符合个体个性的方式来管理和组织企业，即企业管理要以人为本。

那么，如何对这一知识创新的核心主体实施有效管理呢？

人有不同于一般动物的思想和思维方法，这是他们的优点，同时也是弱点。它既可以使人仔细分析眼前事务，思考合理的应对措施，也可以使人忽略身体的原始反应。人比其他任何生物都更不容易管理，这种管理是一门艺术。

在知识经济时代，管理不是靠制度的约束，而是靠企业魅力的吸引。

企业首先要为自己建立一个良好的形象，一个可以使员工自豪的形象；其次要给员工营造一个自由的空间，包括自由思考、自由发挥、自由交流的空间；再次要营造一个学习的氛围，让员工意识到在这个企业里自己既是老师也是学生，让他们在这两个角色的转换中乐此不疲。

此外，企业还要通过控股等方式把人才拉进管理决策层，通过一些福利措施使员工在企业里找到归属感。当然，适当的奖惩也是激励员工的有效方式之一。

不可否认，知识是企业运行过程中最关键的资源，但是这种资源是具有流动性的，正是这种流动性给企业带来了两方面好处：一方面可以使企业人力资源更新换代（这是活跃的生命力的重要标志）；另一方面可以给企业带来新的知识和信息，为企业运作输送新鲜的血液。

所以，企业要重视人才，但不可以过分依赖极个别人，而是要把这些人的知识"收藏"好，通过建立贮存知识的信息数据库，把企业的知识平台搭建好。

首先，决策者要制定本企业的竞争策略，明确如何创造高于竞争对手的价值，提供让顾客满意的产品和服务，明确如何把创造的价值融入一种经济模式，企业员工如何实现这种价值和经济模式。

对企业的竞争战略了然于胸后，决策者就可以据此选择合适的知识管理战略。

在这个过程中首先要分析公司和员工所依赖的知识是可以系统方式编码储存的"显性知识"，还是很难程式化、必须直接交流的"隐性"知识。如果是前一种那么就适合采用编码知识管理模式，如果是后一种，就应该采用个性化的管理模式。

其次要分析企业的产品。企业所提供的产品是标准产品还是定制产品。标准产品，顾名思义，是可以以一定标准来衡量的，即具有可编码的信息。

因此，对于生产标准产品的企业而言，采用基于知识再用的编码管理模式比较合适。而对提供定制产品或服务的企业，由于要满足的是特定顾客的个性化需求，这些需求之间存在很大的差异性，编码不会产生多大效用，所以可考虑采取个性化的人物式管理模式。

再次，企业的产品是成熟产品还是创新产品。成熟产品的开发和销售过程都已广为人知，产品包含的是可编码的知识，自然应选择编码知识管理模式。而对创新产品来说无编码可套，这时最好采取个性化的知识管理战略。在寻求创新的企业中，员工必须共享信息，因为这些信息是无记录的，往往会散失在文档中。

当然，现实中，能如此清楚分类的可能性很小，企业的内部元素远比以上所说的复杂，所以让两种模式共存于同一企业的不同部门，也不失为一种有效的方法。同时，同一公司在不同发展时期，也要根据现实情况及时调整管理模式，一定要避免机械式的"运行"。

对于许多大企业来说，因特网把它们同世界的距离缩小了，使它们之间的联系更加紧密，自然也就无法避免知识管理这一全球浪潮。在这种浪潮的冲击下，既要对知识管理加以研究，谨慎实践，又要保持冷静，不能盲目跟风。

JIT 管理法

美国汽车工业的生产方式虽然已经很先进，但只有采取一种更灵活更能适应市场需求的生产方式才能避免资源的严重浪费。

——大野耐一（丰田汽车公司原副总裁）

日本化模式

20 世纪中叶以前，世界汽车生产企业包括丰田公司均采用福特式的"总动员生产方式"，这种方式在一定时期内为企业带来了巨大的经济效益，但随着经济的发展，生产和消费的矛盾日益加剧，"福特式"模式逐渐暴露出它的严重缺陷。如生产过程中物流不合理，库存积压和短缺非常严重，生产线要么不开机，一开机，就大量生产，因此，"福特式"模式导致了严重的资源浪费。

最早意识到这种缺陷的是丰田汽车公司原副总裁大野耐一，以大野等为代表的人认为，美国汽车工业的生产方式虽然已经很先进，但只有采取一种更灵活更能适应市场需求的生产方式才能避免资源的严重浪费。

进入20世纪后半期，整个汽车市场进入了一个市场需求多样化的新阶段，与此同时，消费者对质量的要求也越来越高。

不久，汽车制造业就开始围绕如何有效地组织多品种小批量生产课题进行探讨。因为，每个企业都已经意识到，如不这样做，企业便会产生严重的资源浪费，这毫无疑问会影响到企业的竞争力甚至于生存。

在这种历史背景下，1953年，大野耐一综合了批量生产和单件生产的特点和优点，创造了一种在多品种小批量混合生产条件下高质量、低消耗的生产方式，即适时生产（Just In Time，简称JIT）。简单地说就是将必要的原材料和零部件，以一定的数量和完美的质量，在必要的时间，送往必要的地点。

适时制生产出现后，众多的西方企业界人士和管理学家开始探索日本企业成功的秘密，JIT从而被当作日本企业成功的秘诀而受到广泛的关注。随后，这种秘诀在欧洲和美国的一些企业中开始推广开来，现在，这一方式与源自日本的其他生产、流通方式一起被西方企业称为"日本化模式"。

近年来，JIT不仅作为一种生产方式，同时作为一种物流模式在欧美物流界得到广泛推行。

JIT 的生产哲学

适时生产的基本思想可用一句话来概括，即"只在需要的时候，按需要的量生产所需的产品"，这也就是 Just In

Time（JIT）一词所要表达的含义。

从这个含义可知，JIT 生产方式的核心是追求一种无库存的生产系统，或使库存达到最小的生产系统，即消除一切只增加产品成本，而不向产品中增加价值的活动。由这一基本的生产哲学出发，形成了完备的 JIT 生产体系，这个体系包括：

——实行生产同步化；

——提高生产系统灵活性；

——推行标准化作业；

——追求无缺陷的质量；

——持续地降低库存；

——推行以"人为中心"的人本管理。

JIT 的最终目标是获取最大利润，基本目标是千方百计地降低成本，由此也制定了"四低两短"的具体目标：

——废品量最低。JIT 要求消除各种不合理因素，在加工过程中每一道工序都要求精益求精。

——库存量最低。JIT 认为，库存是生产系统设计不合理、生产过程不协调、生产操作不良的"症状"。

——减少零件搬运，搬运量低。零件搬运是非增值操作，如果能使零件和装配件运送量减小，搬运次数少，则可以节约装配时间，减少装配过程中可能出现的问题。

——机器损坏低。尽量减少机器的损坏。

——准备时间最短。准备时间长短与批量选择相关，如果准备时间趋于零，准备成本也趋于零，就有可能采用极小批量。

——生产提前期最短。短的生产提前期与小批量相结合的系统，应变能力强，柔性好。

不等于看板

看板管理在适时管理中占有重要的地位。正如电脑的CPU一样，缺少了看板，适时生产便无法正常运转，就更谈不上适时管理了。因此，作为其管理工具的看板对实现适时适量生产具有极为重要的意义。看板管理可以说是 JIT 生产方式中最独特的部分，因此也有人将 JIT 生产方式称为"看板方式"。看板的主要功能包括以下几个方面：

——传递生产和运送指令

在 JIT 生产方式中，生产的月度计划是集中制订的，然后才传达到各个工厂以及协作企业。而与此相应的日生产指令只下达到最后一道工序或总装配线，对其他工序的生产指令通过看板来实现。即后工序"在需要的时候"用看板向前工序去领取"所需的量"时，也就等于向前工序发出了生产指令。

——调节生产均衡

由于生产是不可能 100％完全按照计划进行的，月生产量的不均衡以及日生产计划的修改都通过看板来进行微调。看板就相当于工序之间、部门之间以及物流之间的联络神经而发挥着重要作用。

——改善机能

通过看板，可以发现并暴露生产中存在的问题，从而立即采取相应对策；防止过量生产和过量运送，看板必须按照既定的运用规则来使用。

"没有看板不能生产，也不能运送。"这一规则使看板数量减少，则生产量也须相应减少。由于看板所表示的只是必要的量，因此通过看板的运用能够做到自动防止过量生产以及适量运送。

看板的另一条运用规则是"看板必须在实物上存放"，"前工序按照看板取下的顺序进行生产"。根据这一规则，作业现场的管理人员对生产的优先顺序能够一目了然。并且只要观察看板，就可知道后工序的作业进展情况、库存情况等等。

还有一点值得大家注意的是，看板方式作为一种进行生产管理的方式，在生产管理史上是非常独特的，看板方式也可以说是 JIT 生产方式最显著的特点。但决不能把 JIT 生产方式与看板方式等同起来。

JIT 生产方式说到底是一种生产管理技术，而看板只不过是一种管理手段。看板只有在工序一体化、生产均衡化、生产同步化的前提下，才有可能运用。如果错误地认为 JIT 生产方式就是看板方式，不对现有的生产管理方法做任何变动就单纯地引进看板方式的话，是不会起到任何作用的。

JIT 何以实现

有了一个明确的目标，JIT 生产方式还需要相应的手段来确保各目标的实现，通常有以下三种手段：

——适时适量生产

即"在需要的时候，按照需要的量生产所需的产品"。对于企业来说，各种产品的产量必须能够灵活地适应市场需求量的变化，否则就会造成资源的浪费，为了降低甚至避免这种无谓的浪费，实施适时适量生产必不可少，即只在市场需要的时候生产市场需要的产品。

为了实现适时适量生产，首先需要致力于生产的同步化。即工序间不设置仓库，前一工序加工结束后，立即转到下一工序，装配线与机械加工几乎平行进行。

其次，产品的合理设计也是一个重要手段，具体方法包括模块化设计，设计的产品尽量使用通用件、标准件，设计时应考虑有助于实现生产自动化等。

再次，JIT 的基础之一是均衡化生产，生产均衡化是实现适时适量生产的前提条件。所谓生产的均衡化，是指总装配线在向以前工序领取零部件时应均衡地使用各种零部件，生产各种产品。

为此，在制订生产计划时就必须对其加以考虑，然后将其体现于产品生产顺序计划之中，使物流在各作业之间、生产线之间、工序之间、工厂之间均衡地流动。为达到均衡化，在 JIT 中采用月计划、日计划，并根据需求变化及时对计划进行调整。

——灵活配置作业人员

降低劳动费用是降低成本的一个重要途径，那么如何来降低劳动费用呢？自然而然，我们会想到尽可能动用最少的人员，这就要求企业要根据生产量的变动，弹性地增减各生产线的作业人数，以求尽量用较少的人员完成较多的生产。

这种弹性配置人员的方法一反历来生产系统中的"定员制"，是一种全新的人员配置方法。当然这也对作业人员提出了更高的要求，即为了适应这种变化，他们必须成为具有多种技能的"多面手"。

——质量保证

传统生产方式认为，质量与成本之间成反比关系，即要提高质量，就得牺牲必要的人力、物力。JIT 生产方式一反常论，通过将质量管理贯穿于每一工序中来实现产品的高质量与低成本，具体方法包括：

首先，生产第一线的设备操作工人发现产品或设备的问题时，有权自行停止生产，这样便可防止次品的重复出现并杜绝类似产品的再产生，从而避免了由此可能造成的大量浪费。

其次，开发设备并安装各种自动停止装置和加工状态检测装置，这样就可以使设备或生产线能够自动检测次品，一旦发现异常或不良产品可以自动停止设备运行。

这里值得一提的是，通常的质量管理方法是在最后一道工序对产品进行检验，尽量不让生产线中途停止。但在 JIT 生产方式中却认为这恰恰是使不合格产品大量或重复出现的真正原因。

因为发现问题后如不立即停止生产的话，难免持续出现类似的问题，同时还会出现"缺陷"的叠加现象，增加最后检验的难度。JIT 生产方式一旦发现问题就会立即停止并进行分析改进，久而久之，生产中存在的问题就会越来越少，企业的生产素质就会逐渐增强。

追求整体效益

许多实施 JIT 的企业都获得了良好的效益，但同时也暴露出一个共同的弊病——不能有效地将 JIT 继续深入贯彻下去，这也是许多企业的一个通病。也就是说，这些企业需要在以下几个方面进行改善和提高，以便真正做到对适时管理的吸收和应用：

——JIT 绝不仅仅拘泥于适时生产与看板管理

推行 JIT 是一个系统管理过程，是一个企业整体的、长期的行为，是一个全员参加的、思想统一的、不断改进的渐进过程。不可以从形式上去效仿看板管理，企业不仅要坚持从局部试点出发，更要坚持长期发展。

——贯穿 JIT 产生、成长、成熟整个发展过程的便是不断地改善

这要求企业必须具有高水平的管理作为基础和保证，努力做到以高管理推动改善，以改善促进管理，二者的相辅相成必然会使企业灵活地把握 JIT 的精髓。高水平的管理包括先进的操作方法，合理的物流系统，以及科学的定额。

——质量管理是企业整体的一个有机组成部分

长期形成的传统模式使质量管理部门往往只局限于质检机构，因而不能真正融于整个生产过程。以上这几方面都要求企业必须把质量与生产等一系列环节紧密结合起来，经过持续不断地改善与努力，最终求得企业整体化效益。

灵捷制造法

灵捷制造法是现代制造模式的新发展，是面向 21
世纪的生产和管理战略，它将产生一种新的工业秩序。

——艾柯卡（世界著名管理学大师）

21 世纪的生产方式

进入 20 世纪 90 年代，科技发展可谓突飞猛进，市场竞争日趋激烈。伴随着信息化浪潮汹涌而来，市场变化越来越快，市场需求的波动越来越大，这使企业很难把握瞬息万变的市场形势。因此，企业要生存、要发展，就必须不断地进行自我调整，适应市场和用户的最新需求。

针对这一情况，许多国家制订了旨在提高本国在未来世界中的竞争地位、培养竞争优势的制造计划，如德国的 2000 计划、日本的智能制造技术计划、美国的先进制造计划和灵捷制造法（Agile Manufacturing）等等。

在这一浪潮中，美国走在了世界的前列，美国国防部对美国制造业改变生产方式提供了强有力的支持，凭借这一优势，美国力图夺回制造业这一领域的霸主地位。灵捷制造

（Agile Manufacturing）的设想——面向新世纪的一种新型生产方式，便在这种背景下孕育而生了。

灵捷制造法是现代制造模式的新发展，是面向 21 世纪的生产和管理战略，它将产生一种新的工业秩序。

灵捷制造计划最初是由美国通用汽车公司和李海大学的艾柯卡共同提出的。该计划始于 1991 年，政府、企业、理论界都给予了大力支持，由通用汽车公司、波音公司、IBM、摩托罗拉等 15 家著名大公司和国防部代表组成了专门组织和研究核心队伍。

历时 3 年，《21 世纪制造企业战略》在 1994 年底出台，这标志着灵捷制造战略的真正诞生。

灵捷制造模式（灵捷制造战略的延伸）综合了 JIT、MRPII 及 LP 等先进生产管理模式的优点，并集低成本、高质量、高效、多品种、灵敏性强、动态适应、极高柔性等众多优点于一身，因而代表着现代生产管理模式的最新发展。

灵捷制造的核心思想是：

——以人为本，调动与发挥人的主观能动性与创新性；

——充分利用信息和已有的信息技术；

——建立"竞争—合作"机制；

——加强团队组织与管理网络；

——对需求变化实现快速反应；

——坚持可持续发展的不断改进和创新。

构成内容

对制造业而言，灵捷的含义是指对多变的和不确定的市场需求做出灵敏的反应，既要主动有效，又能快速地满足用户的需求。

灵捷制造法以降低总成本、切实提高产品质量、提高灵捷性、提高竞争力为目的，以顾客的需求变化为出发点和根据。它是一种有计划、有组织的系统、全面、持续的生产活动。它能在较短时间内以不同批量的形式提供给客户低成本、高质量的产品或服务。

灵捷制造法主要包括以下几个方面的内容：产品开发与技术、团队组织和管理、社会效益。

——产品开发与技术

传统的产品开发模式过分强调了程序流程，其结果必然使得开发周期过长、工作效率太低。对于不断变化的市场需求，企业在产品的自我调整上就会跟不上市场变化的步伐，从而导致企业及其产品缺乏灵捷性、应变能力和竞争力。

灵捷制造法在这一点上主张产品的并行开发设计、模块化设计。一方面，它可以大大缩短开发周期，提高开发设计的灵捷性；另一方面，由于在开发设计阶段充分考虑了成本、质量及顾客需求，因此企业可以从根本上提高质量、降低成本和满足顾客需求。

产品开发设计时，除了要进行科学的组织和采用正确的开发方式外，不可忽视的一项工作就是选择合理的产品开发技术。如果开发技术不合理，制造就不具有灵捷性，即使开发的工作方式及其组织有较强的灵捷性，开发出的产品还是不具备灵捷性。

并行开发设计，不仅能对不断变化的市场需求做出快速主动的反应，提高开发设计工作的灵捷性，也可以提高企业驾驭市场的能力。

模块化（Modularization）技术也是一种面向市场需求多样化的技术。它应变能力强，利用它开发新产品，有利于提高产品的灵捷性和应变能力。

——团队组织和管理

灵捷制造法认为，新产品投放市场的速度是当今产业界最重要的竞争优势，而推出新产品的最快办法就是充分利用各种资源（公司内外部资源）。

只要能把分布在不同地方的资源集中起来，就能随时组建虚拟公司，根据不同的市场需求，采取内部团队、外部团队（供应商、用户均可参与）合作的不同形式，来进行灵活地生产。

同时，灵捷制造法还强调运用灵活的管理方式促使组织、人员与技术的协调，在此，人的作用最为关键。灵捷制造法在人力资源上的基本思想是，在激烈而又多变的竞争环境中，核心要素是人员。柔性化管理的最主要特征就是使灵捷制造企业的人员能够大胆地提出自己的建议。

企业最宝贵的财富永远是那些高素质的人，灵捷制造企业的管理层应将人员培训作为一项长期的任务来抓。

此外，管理层在理念上要具有较强的创新及合作意识，要不断推陈出新。充分利用了内部资源后，企业还要把握好外部资源及其管理方法，可以运用计算机管理技术以及 BRP 管理等方法。

——社会效益

灵捷制造思想主张尽量消除地域和时差所带来的限制，充分利用整个社会的资源，尤其强调绿色制造，重在无污染和节能，保持良好的社区关系和社会形象。

未来社会发展的新型生产模式

灵捷制造是在具有创新精神的组织和管理结构、先进制造技术（以信息技术和柔性智能技术为主导）、有技术有智慧的管理人员三大资源支撑下得以实施的，也就是将柔性生产技术、有技术有知识的劳动力与能够促进企业内部和企业之间合作的灵活管理集中在一起，通过所建立的共同基础结构，对迅速改变的市场需求和市场进度做出快速的响应。

灵捷制造比起其他制造方式具有更灵敏、更快捷的反应能力。它是适应未来社会发展的新型生产模式。灵捷制造的企业具有以下特征：

——灵敏性强

灵捷制造企业随时根据市场变化来改进生产，这要求企业不但要从用户、供应商、竞争对手那里获得足够信息，还要保证信息的传递快捷，以便企业能够快速抓住瞬息万变的市场。

另外，灵捷制造变一般的市场导向为消费者参与的市场导向，因此能灵活快速地提供丰富的品种、任意的批量，高性能、高质量，顾客十分满意的产品。

——稳定性强

灵捷制造企业容易消化吸收外单位的经验和技术成果，随着用户需求和市场的变化，灵捷制造企业会随之改变生产方式。企业生产出来的是根据顾客需求重新组合的产品或更新替代的产品，而不是用全新产品来替代旧产品，因此，产品系列的稳定性大大加强。

产品的并行开发设计和模块化技术的应用也提高了企业产品适应市场的能力，在一定程度上有利于产品的市场地位和稳定性。

——灵捷性强

灵捷制造在开发设计产品方面具有极大的灵捷性。许多企业在开发设计新产品方面，仍沿用单一产品孤立开发设计的传统方式，新产品几乎都要重新开发设计。这样就造成现有资源不能重复和有效利用，从而造成资源的严重浪费；另一方面，传统的产品开发设计方式必须为一个新产品，进行一次极其烦琐的产品设计、工艺设计和生产技术准备工作，这致使产品开发周期长、劳动量大、费用高、资源浪费严重，同样大大延长了产品开发至投放市场的时间。

因而，要提高企业的灵捷性，就必须对这种传统的开发方式进行改革。灵捷制造在产品开发设计方面具有较强的灵捷性，它充分糅合了市场和顾客的需求变化，能灵便地提供适应市场和具有较强竞争力的产品！

先进即被推崇

从世界范围看，灵捷制造法具有其他制造模式不可比拟的优点，对生产技术的应用、产品的设计制造、组织和管理及可重组制造系统等都进行了创新。

此外，灵捷制造法还具有快速反应制造技术、质量控制与全制造保证、全寿命经济学与成本工程等打破传统的思想和方法，因此，它具有广阔的发展前景。

1991 年，美国在进行灵捷制造研究时，得到了政府、科研机构、企业的广泛响应和大力支持。灵捷制造法作为一种21 世纪生产管理的创新模式，涵盖了效率高、成本低、质量优、品种多和柔性化等众多优点，因此，各国企业纷纷尝试，其中涌现了不少成功的经典范例。

在 20 世纪 80 年代初，为了降低成本，美国电报电话公司所属的子公司——数字数据系统公司将其制造活动移到亚洲一些国家，由于工业空洞等诸多原因，这种转移并没有给它带来高成长，该公司反而逐步走向衰退。

后来，该公司结合本企业实际情况引入了灵捷制造法，它重新建立起了先进的制造体系，并采用了柔性设备和准时生产制。1995年，该企业再次成为成功企业的一个典范。

对于大多数管理落后的企业，必须要求其适应市场变化，按市场要求进行多品种生产。对于生产控制能力弱的企业，就要保持较高的库存来维持连续生产，同时积极采取对市场能进行灵敏反应的生产方式。而对产品市场不成熟的企业而言，要与相关企业之间建立明确而密切的协作关系，规范业务往来，使供求能及时得到保证。

灵捷制造法是一种先进科学的生产模式和理念，代表着未来生产管理模式的发展方向。近来，许多企业和科研机构都对它给予了充分的重视，因为这关系到它们在未来世界舞台上的竞争地位。

学习型组织

在新的经济条件下，企业要想持续发展，必须增强企业的整体素质。也就是说，企业的发展不能再只靠个别领导者的运筹帷幄、指挥全局。出色的企业将会是设法使各阶层的人员全身心投入，并使其成为具有不断学习能力的组织——学习型组织。

——彼得·圣吉（美国麻省理工学院教授）

学习型组织的提出

20世纪80年代以来，随着信息革命、知识经济的进一步发展，企业面临的竞争环境发生了激剧的变化，传统的组织模式和管理理念已经越来越不合时宜，其突出的表现就是许多在历史上曾名噪一时的大公司相继退出历史舞台。

因此，研究企业组织如何适应新的知识经济环境、增强企业自身的竞争能力、延长企业寿命等成为世界企业界和理论界关注的焦点。

以美国麻省理工学院教授彼得·圣吉为代表的西方学者，吸收东西方管理文化的精髓，提出了新型的学习型组织理念。

学习型组织理论认为，在新的经济条件下，企业要想持续发展，必须增强企业的整体素质。也就是说，企业的发展不能再只靠个别领导者的运筹帷幄、指挥全局。出色的企业将设法使各阶层的人员全身心投入，并使其成为具有不断学习能力的组织——学习型组织。

同时，该理论认为学习型组织是一个具有不断开发与适应变革能力的组织，能充分发挥每个员工的创造性，努力形成一种弥漫于整个群体与组织的学习气氛，并且凭借学习，个体价值得到充分体现，组织绩效得以大幅度提高。

圣吉说："学习型组织的战略目标是提高学习的速度、能力和技能，并通过建立远景来发现、尝试和改进组织的思维模式，以此来改变成员的行为，这才是最成功的学习型组织。"

彼得·圣吉还提出了建立学习型组织所需要的"五项修炼"模型，它们分别是：

——自我超越；

——改善心智模式；

——建立共同愿景；

——团队学习；

——系统思考。

自我超越

个体的自我超越是整个学习型组织的基础，它为学习型组织提供了宝贵的人力资源。

工业时代的许多组织之所以不能称为学习型组织，是因为它们存在两种分离：从组织角度看，是工作与学习的分离，从而导致组织绩效中没有因学习带来的相应改善；从个人角度看，是工作与知识的分离，也因此妨碍了个人成长。

在学习型组织中，人被看作是不断成长的人。个人理想只有通过组织才能实现，但组织的发展必须以个人发展为基础。

在成熟的学习型组织中，学习、工作与知识是相互融合在一起的。要使员工成为学习型组织的一员，管理者就要想方设法提高组织的学习能力，这要求管理者必须做好以下两方面工作：

一方面要培养高素质、自我超越的员工；另一方面要提高管理者自身的认识。

组织中个体在自我超越时，首先要树立个人愿景；其次要保持创造力；再次要认清结构性冲突——愿景和现实的差距能带给人们心理影响，即人性的意志力能否战胜阻力。

所以，要求员工诚实地面对事实，并认真清除认识真实状况的障碍，充分运用潜意识使内心关注的目标清晰地浮现在脑海里。这样他们就可被视为自我超越的个体，同时意味着员工和企业的关系发生了根本的变化，即员工并不是单纯的个体，而是共同事业的创造者。

在学习型组织中，个人的自我超越是组织发展的必备条件，也只有在学习型组织中才有自我超越的环境。

通过自我超越这项修炼，使得员工成为积极的、从事创造性活动的知识工作者，这样，他们不仅被赋予权力，而且直接获得了工作的内在热情。

改善心智模式

心智模式专指那些深植于人们心中的，影响人们认识周围世界的一些假设和印象。它会影响人们看待问题及采取相应行动的方式。

在组织中，心智模式体现在不同的方面，组织行为理论认为，组织中同样存在拟人化的集体思维或组织的心智模式。

组织心智模式之所以不同于个人心智模式，主要是因为这种模式是存在于整个群体之中的，并影响着群体成员。同时，这种心智模式也有新旧之分，它们的主要区别体现在以下几个方面：

——时间方面。旧，单历程的，即一时一事；新，多历程的，即一时多事。

——理解方式。旧，部分的理解；新，整体的理解。

——信息方面。旧，最终可知的；新，不确定的、未知的。

——增长方面。旧，线性的、有序的；新，有机的、无序的。

——对于管理。旧，主要是控制、计划、预测；新，意味着洞察和参与。

——对于工人。旧，实行分类、专业化；新，多面手、不断学习。

——对于动机来源。旧，主要受外部作用和影响；新，主要靠内部创新。

——对于知识。旧，是相互独立的；新，是相互协作的。

——对于组织。旧，是人为设计出来了的；新，是逐渐演变的。

——对于激励。旧，主要依靠竞争；新，依靠相互协作。

——对于变化。旧，回避的、担忧的态度；新，认为是正常的、是应该有的。

实践证明，新的心智模式会对组织的发展产生强大的推动力。因此，在新的机遇与挑战面前，不论是出色的管理家，还是平凡的职员，都应该重新审视自己的心智模式。

建立新型的组织心智模式固然重要，同时，把隐藏在企业背后的有关重要问题的假设找出来，即检视组织的心智模式，是完善组织心智模式的重要基础。但是，检视又具有相当的难度，因为这种假设植根于组织的背后，并在工作中给组织的成员造成压力。

检视心智模式的工作，主要由内部的董事会即由 2～3 名资深经理组成，它也可以在各个组织层次中产生。

相当数量的一些大公司常常会滋生一种特有的思维模式——3C 模式，即自满、保守、自大。

由于 3C 模式的存在，很大程度上强化了企业的心智模式，因而，心智模式得以改善的途径被切断，企业的发展也开始遇到种种困难。所以，从心智模式的角度分析大公司的病因，就成为企业界一个全新的思维模式。

检视心智模式对于大企业的长期发展至关重要，而知识经济时代要求我们把检视心智模式提到一个更高的层次来加以认识，从某种意义上说，知识经济时代就是加速检视心智模式的新时代。

建立共同愿景

共同愿景即我们想要创造什么？

正如个人心中特有的意愿，共同愿景是组织中人们共同持有的一种理想，它使组织中各种不同的活动融为一体。

在学习型组织的开始阶段，组织中只有个别人持有相同的愿望，但是只有所有人都持有相同的愿望，才能称为组织的共同愿景，这需要一个培养的过程。

共同愿景也即根据奋斗目标来描述的愿望，可以是定量的，也可以是定性的。这主要看是依据"共同敌人""角色榜样"，还是内部转型的构想来描述愿景的。

建立共同愿景是学习型组织的一项重要修炼，如果没有共同愿景，就没有学习型组织。无论是转型企业，还是维持现状企业，共同愿景都起着重要的作用，尤其对转型企业而言，共同愿景更有着重要的现实意义，其中集中表现在如下几方面：

——识别并讨论危机和机遇；

——建立强有力的领导联盟；

——设计实现愿景的战略；

——沟通愿景规划；

——授权他人实施愿景规划；

——计划并实现短期目标；

——巩固已取得的成果，深化企业改革；

——让新的工作制度化。

斯坦福大学的教授们通过观察许多企业的成长过程后，认为当前核心价值和长远愿景规划的统一即是维持现状企业的愿望核心，从而能进一步激发企业的活力，使企业在信念与理想方面先胜一畴，促进其健康、稳定、快速发展。

共同愿景是由许多个人愿望汇聚而成的，也就是说共同愿景的能量是通过汇聚个人愿望而获得的。所以要不断地鼓励成员发展自己的个人愿望，然后把拥有强烈目标感的成员集合起来，这往往会产生良好的效果。

聪明的领导者善于改进高层传统做法——开始重新思考告知、推销、测试、协商和共同创造这五个阶段，以此来推动组织共同愿景的建立，并极力使这种过程具有互动性。

员工之间缺乏协调的能力，组织中创造性的张力消失，管理者或员工对企业专注的时间不够，内部对新的愿景产生分歧等，这些经常会导致一些企业不能真正建立起自己的共同愿景，或这种愿景在组织中根本行不通。

因此要把握企业的共同愿景，必须首先回答好企业的三个基本理念问题，即追寻什么，为何追寻，如何追寻。

团队学习

强调"团体学习"也就是不但要重视个人学习和个人智力的开发，更要注重组织成员的合作学习和群体智力的开发。

团队是由工作群体发展而来的，团队学习在学习型组织中的作用主要体现在：是学习型组织的基本构建单位，也是学习型组织的基本学习方式，更是构建学习型组织的基本过程。从另一个角度看，学习型组织也是对团队思想的一种引申，或者说它是团队运行的基石。团队学习主要有以下几种方式：

——信息交换会议，它是团队经常采用的学习方式；

——特别会议制度，它是对信息交换会议的有效改造；

——深度会谈和讨论，它们是团队学习的两项基本要求。

因此可以看出，团队学习是一种组织内部的学习，同时又是团队的活动内容，以及检视心智模式、建立共同愿景的载体和重要手段。

团体学习与群体技术相比，具有很大的进步性，主要表现在：团体学习可以培养出高于个人的团体智力，促使组织发挥创造性，同时又能协调员工之间不一致的行动。这种学习成果会随着成员的流动而扩散到其他的团体中去，进而在组织中形成学习的气氛。

系统思考

系统思考是创建学习型组织的核心工作。

系统本质上是处于一定环境中的、相互发生关系的各组成部分的总体。系统思考的管理观念是指管理主体自觉地运用系统理论和系统方法，对管理要素、管理组织、管理过程进行系统分析，旨在优化管理的整体功能，从而取得较好的管理效果。

系统动力学是学习型组织系统思考的基础。系统动力学强调的是相互作用，作为系统动力学研究对象的社会经济系统本身是千变万化的，其构成要素包括生产力、人力、物力、财力、技术等方面，都体现了系统动力学相互作用的本质。

　　学习型组织系统思考的层次主要有以下三个：

　　第一，事件层次上的思考。采取反应式的行为，常导致局限思考、专注于个别的事件，或归罪于外部因素等。

　　第二，行为变化层次的思考。能顺应变化中的趋势，但容易造成学习障碍，如：从经验中学习，或学而不做等。

　　第三，系统结构层次的思考。能改造行为的变化形态，超越了事件层次和行为层次的局限，专注于解释是什么造成行为的变化。例如：对于制造和销售为一体的企业，系统结构层次的观点必须显示发出的订单、出货、库存的变动，从中寻找存货不稳定的解决方案。

　　系统思考是学习型组织的灵魂。它为组织提供了一个健全的"大脑"，一种完善的思维方式，个人学习、团体学习、检视心智模式、建立愿景，都是因为有了系统思考的存在，从而关联在一起，成为整个健全大脑不可缺少的部分。因此，系统思考在学习型组织中具有重要的位置。

　　在系统思考的指导下，个人修炼将会在诸如对环境的认同感、对整体的使命感等几个方面有所超越。同时，系统思考对于团队学习也是至关重要的一环。

　　在团队学习中，要想使讨论和深度会谈能够持续下去，就必须克服许多障碍。系统思考的方法使我们能够从组织发展的全局去认识出现的障碍，从而知道如何去克服。

系统思考是建立在共同愿景基础之上的。共同愿景描述的是未来的情形，系统思考则是实现这种情形的必由之路。管理者必须学会如何去反思他们现存的心智模式，因为大多的现存心智模式将会阻碍系统思考的产生。反之，系统思考对于有效改进心智模式也是至关重要的。

但动态系统是非常微妙的，只有当我们扩大时空范围进行深入思考时，才有可能辨识它整体运作的微妙特性。如果不能洞悉它的微妙法则，那么置身其中处理问题时，往往不断受其愚弄而不自知。

今日的问题来自昨日的解决方案

从前有一位地毯商人，看到他最美丽的地毯中央隆起了一块，便把它弄平了。但是在不远处，地毯又隆起了一块，他再把隆起的地方弄平。不一会儿，在一个新地方又再次隆起了一块，如此一而再、再而三的，他一直试图弄平地毯，直到最后他拉起地毯的一角，一条生气的蛇溜出去为止。

我们常常不知道产生问题的原因为何，事实上，此时你只需审视自己以往对其他问题的解决方案，便可略窥一二，因为今日的问题经常来自昨日的解决方案。

素来销售领先的公司，可能发现这季的销售锐减。为什么？因为上一季高度成功的折扣活动，吸引许多顾客提前购买，而使本季市场需求剧降。又如一位新上任的管理者为了控制成本，而减少库存，但这会导致销售员花更多的时间向顾客解释为何延迟交货。执行公务的警官，常有这样的经验：拘捕了东街毒品经销商，却发现只是使他们的阵地移转到西巷。

还有就是有些城市之所以爆发许多与毒品有关的犯罪活动，竟是因为政府官员查获了大宗毒品走私。因为查获走私后，毒品短缺，价格上扬，而使许多吸毒者铤而走险。

以上解决问题的方式，只是把问题从系统的一个部分推移到另一部分，当事者却未察觉。这是因为在系统中解决第一个问题者和承接新问题者经常不是同一人。

渐糟之前先渐好

那些效果不彰的干预措施之所以能引诱许多人采用，是因为在短期之中我们确实可以看到一些效果：新房屋建好了、失业的人接受了工作训练、饥饿的孩童获得照顾、不足的订单有了补货、把烟戒掉了、解除了孩子的压力、避免了与新同事的冲突……然而最后的恶果通常要经过一段时间的"滞延"才会被发现，也就是短期利益和长期弊害之间存在的时间差距。

美国《纽约客》杂志曾登载一幅卡通画：有一个人坐在椅子上，推倒左边的一个大骨牌。他告诉自己："我终于可以松一口气了。"然而他没有看见那骨牌正要倒向另外一个骨牌，而后倒向另外一个，一个接着一个，骨牌链最后将绕一圈从他的右边击中他。

许多管理的干预行为，常在恶果显示之前，呈现良好状况的假象，这是为什么只重表面的行为（例如为了讨好老板）常制造出反效果的原因。人类似乎已经发展出一套复杂的系统，有办法使任何事情在短期看来很好，但是最后的恶果会阴魂不散地回来找你。就像骨牌圈移动的时间滞延，系统问题很难当下辨认。

典型的解决方案常可在开始的时候改善症状，我们觉得好极了，误认为现在已有所改善，或甚至问题已经不存在。但在二三年，甚至四年之后，以前的问题会再回来，甚至有新的问题因此而引发。到那个时候，旧人已走，新人将面对更难处理的问题。因此，在很多情形下显而易见的解决方案往往无效。

这是一则古老故事的现代版。过路人遇到一位醉汉在路灯下，跪在地上用手摸索。他发现醉汉正在找自己房屋的钥匙，便想帮助他，问道："你在什么地方丢掉的呢？"醉汉回答是在他房子的大门前掉的。过路人问："那你为什么在路灯下找？"醉汉说："因为我家门前没有灯。"

有灯光才易寻找，因此醉汉也不追究钥匙真正掉在哪里，看到灯光便开始找。在日常生活中，应用熟悉的方法来解决问题，好像最容易，因此我们往往固执地使用自己最了解的方式。

虽然有时候钥匙确实是在路灯下，但是也经常掉在暗的地方。当我们努力地推动熟悉的解决方案，而根本的问题仍然没有改善，甚至更加恶化时，就极可能是"非系统思考"的结果。

欲速则不达

这也是一个老故事：乌龟跑得慢，但是他最后赢得了比赛。企业界人士通常希望的成长速度是：快、更快、最快。然而实际上所有自然形成的系统，从生态到人类组织，都有其成长的最适当速率，而最适当速率远低于可能达到的最快成长率。当成长过速，系统自己会以减缓成长的速度来寻求调整，在组织中，这种调整常会使组织因此被击垮，这是极其危险的。

无论是管理者、政府官员、社会工作者或其他角色，当面对这些复杂社会系统中令人不满的问题而试着有所作为时，常常因为看到这些系统原理的运作如何阻挠行动，而感到非常气馁。

生态学家兼作家汤玛斯将这种气馁称为"本世纪最严重的无力感之一"。这些系统运作所产生的干扰，甚至可以成为他们放弃行动的借口。因为行动可能使事情更糟。然而系统思考的真正含义不是不行动，而是一种根植于新思考的行动。以系统思考处理问题，比一般处理问题的方式更具挑战性，但也更有希望。

因与果并不直接相连

以上所有的问题，皆肇因于复杂的人类社会系统的基本特性："因"与"果"在时间与空间上并不是紧密相连的。

所谓的"果"，是指问题的明显症状，例如吸毒、失业、贫穷，生意上订单减少，以及利润下降等；而"因"是指与症状最直接相关的系统互动。如果能识别出来这种互动，可以产生持久的改善。

为什么这是一个问题？因为大多数的人往往假设因果在时间与空间上是很接近的。

孩提时玩游戏，问题跟解决方案在时间上都不会相距很远。在成人的世界中，例如管理者，也倾向于同样的看法。如果生产线发生问题，我们在生产方面找寻原因；如果销售人员不能达到目标，我们会认为需要以新的销售诱因或升迁来激励他们；如果住房不够，我们就建造更多的房屋；如果食物不够，解决方案则必定是提供更多的食物。

问题的根源既不是问题的艰难度，也不是对手的邪恶，而是我们自己。在复杂的系统中，事实真相与我们习惯的思考方式之间，有一个根本的差距。要修改这个差距的第一步，是撇开因果在时间与空间上是接近的观念。

找出最省力的杠杆解

有些人叫系统思考为"新的忧郁科学"，因为它告诉我们：最显而易见的解决方案通常是没有功效的；短期也许有改善，长期只会使事情更加恶化。

但是另一方面，系统思考也显示，小而专注的行动，如果用对了地方，就能产生重大、持久的改善。系统思考家称此项原理为"杠杆作用"。

处理难题的关键，在于找出高杠杆解的所在之处，也就是以一个小小的改变，去引起持续而重大的改善。但要找出高杠杆解（即找出最省力的解），对系统中的每一个人都不容易，因为它们与问题症状之间，在时空上是有一段差距的。找高杠杆解是一种挑战，在挑战中生命也意趣盎然。

傅乐对杠杆作用有一个绝佳的比喻，那便是"辅助舵"。它是舵上的小舵，功能使舵的转动更为容易，船也因它而更加灵活。船愈大愈需要辅助舵，因为在舵四周大量流动的水使舵的转动困难。

用辅助舵来比喻杠杆作用之巧妙，不仅是因为它的效益，而且是因为以它极小的体积，却能产生极大的影响。

假设你看见一艘大型油轮在大海中航行，要使油轮向左转，你应该推什么地方呢？你或许会到船头，尝试把它推向左。但是你可知道，要使一艘以每小时15海里的速度前进的油轮转向，要多大的力量吗？最省力的方法是寻找杠杆点。杠杆点位于船尾，把油轮的尾部向右推，油轮便能向左转。这便是小小的舵所产生的神奇功效。

辅助舵这个小装置，对庞大的轮船有很大的影响。当它被转向某一方向时，环绕着舵的水流被压缩，造成压力差，把舵"吸"向所要的方向。整个系统——船、舵、辅助舵，透过杠杆原理运作。

观察变化的全程，而非以静态方式或固定点的思考，是另外一项需要铭记于心的规则。

鱼与熊掌二者可以兼得

有的时候，即使是最两难的矛盾，当我们由系统的观点看来时，便会发现它们根本不是什么矛盾。一旦采用深入观察变化过程的"动态流程思考"，我们就能识破静态片段思考的错觉，而看到全新的景象。

譬如，多年以来制造业认为他们必须在低成本与高品质之间作抉择，因为他们认为品质较高的产品，制造的成本也必定较高，因为要花较长的时间装配，需要较昂贵的材料与零部件，并且要更严密的质量管理。

他们一直没有考虑过，从长期来看，提高品质与降低成本是可以兼得的。因为只要基本工作流程改善，便能够消除重复工作、缩减品检人员、减少顾客抱怨、降低售后维修成本、提高顾客忠诚度，以及减少广告及促销等成本。

相反的，他们通常不采取两者兼得的方式，他们宁愿专注在其中一个目标。当然时间、金钱和组织变革是发展新策略必须先期投入的成本。只要你有耐心，先专注在流程改善上，随后一段时间，品质会上升，成本也会上升；但不久之后，你就发觉有些成本快速下降，数年之内，成本大幅下滑，两者兼得。

许多类似的进退两难矛盾——像由中央控制还是由各分公司自己决定、如何留住员工又不让劳工成本增加太多、如何鼓励个人不破坏团体精神等——之所以会发生，乃是由于我们以静态片段的方式来思考，因此极易以僵硬的二分法来做选择。

在短时间内，我们或许必须二者择一，但是真正的杠杆解在于，看出如何在经过一段时间以后，两者都能改善。

水坝经营法

维持企业的稳定成长，是天经地义的事。为了使企业确实能够稳定地发展，"水坝式经营"是很重要的观念。

——松下幸之助（日本企业的经营之神）

企业的护身符

战后的日本经济很不景气，大多企业只能缓慢发展。在这种情况下，很多企业仍然采用贷款经营的方式，一旦经营不利，企业必然面临巨大的财务风险。这时，一些应急的特殊政策如信用膨胀、贷款经营都不再有效，企业要想继续发展下去，首先必须改变这种经营方法，比如借鉴一些充裕而安定的经营形式，水坝式经营因此应运而生。

水坝式经营最早产生于日本，它是由日本最著名的企业家松下幸之助提出来的。松下幸之助出生于日本和歌山县，10 岁时便辍学当起了学徒，23 岁时松下在大阪建立了"松下电器制作所"，当今世界最著名的松下电器集团便是松下苦心经营的辉煌成果，水坝式经营是松下先生提出的最重要的管理思想之一。

松下先生认为，为了确保企业能够稳定地发展，水坝式经营观念显得尤为重要。为了保持企业的正常运营和稳定发展，管理者必须保持必要的水量才可以适应季节或气候的变化。当企业有了这种调节和运行机制，才有可能长期稳定发展。

如果公司或企业的各部门都能筑建起水坝，那么不管外界发生什么变化，企业也就不会因此受到影响了！

在日本，人们非常尊敬和崇拜松下幸之助，并称之为"经营之神""20世纪最伟大的成功者"，他的思想也被称为松下哲学，而水坝式经营思想正是松下哲学的核心思想之一。

要有形更要无形

在企业中，设备、资金、人员、库存、技术、企划或新产品的研制开发等各方面都必须筑建水坝，这些被称为"有形水坝"。

"有形水坝"即是在经营的各个方面都应保留宽裕的运用弹性，以迅速妥善地应付突然变化，保持企业的稳定经营和茁壮成长，这些水坝主要包括资金水坝、设备水坝、库存水坝等。

——资金水坝

假设一个企业运作需要100万元，如果只准备100万元，一旦发生意外，100万元是绝对不能应付的。因此，要想成功运作一个100万的企业，必须准备110万元甚至更多的资金，这就是所谓的资金水坝。

松下关于资金问题发表了他独到的见解：一段时期内，日本流行银行要求公司把从银行贷款中的一部分再存入银行，很多企业指责银行的这种做法。松下却说："几十年来，我一直坚持这样做，从银行借10万元就够了，可我借了20万元，剩下的10万元钱我再作为定期存款存入银行。猛一看，我的做法很让大家费解，但我将这剩下的10万元看作保险金，需要的时候，可以提出来应急，银行自然十分信任我。"实际上，这就是资金水坝建立方法的一种。

——设备水坝

对制造企业而言，如果生产设备的使用率只有达到100％才会获利，那么这个企业就应该加强危机意识了。一般来讲，企业或公司生产设备利用率能达到80％或90％就应该有获利的能力，市场需求量突增时，因为设备有空闲，便可以迅速提高产量，满足市场的需求。这里，设备水坝发挥了重要作用。

——库存水坝

库存水坝对企业的经营也是十分重要的。为应付市场需求的激增，经常保持适量的库存是必要的，信息灵敏度的增强和市场的多变使任何企业都不能满足于现状，要根据顾客需求和市场的变化来不断地开发新产品，企业制订发展计划时应充分考虑这些内容。

企业如果能将这种水坝式的经营法运用到各部门，那么即使市场有变化，企业也一定能迅速稳妥地应付这种变化，维持企业稳定的经营与成长。

——心理水坝

松下认为，除了有形的经营水坝外，还要有更加重要的"无形水坝"即"心理水坝"。企业经营者必须具备水坝经营意识并以这种意识去经营，不同企业应根据企业文化背景和形态拟订有自己特色的水坝式经营方法。这样，企业无论面临多大的变化，都能够稳住大局，稳定发展。

建坝还需护坝

遵循水坝式经营方法，能够随时作好应对市场变化的准备，充裕地运用各项资源，使企业在任何情况下都能长期稳定地发展下去。

但许多实行了水坝式经营的企业往往是昙花一现，为什么会出现这种现象呢？

松下幸之助认为主要是以下几个方面的原因造成的：

——这些企业不能克服由于过度扩张带来的风险

很多企业对当前存在的问题手足无措，在企业经营时他们完全缺乏危机感，也没有给企业留出一定的发展空间，更没有长远发展的信心，他们实行水坝式经营完全是为了迎合时代的趋势。

——企业没有树立一定要成功的意识

他们没有构筑起心理水坝，一般情况下，经营方法不同往往会产生不同的效果，但决定成败的因素并不止于此，主要是看是否有这种决心。公司或企业中的高层领导一定要拥有坚强的决心和强烈的愿望，而且要奖惩分明，并督促员工努力扩大经营面和经营范围。对每位员工来说，只做好自己的本职工作是远远不够的，他们也是企业的一分子，因此必须在工作之余，充分发挥他们的主动意识，为企业的发展贡献才智。

——没有完全树立用户满意观念而失去了潜在的发展机遇

经营者不但要努力把握企业的发展大局，还要努力激发每位员工的积极性，从而真正做到让顾客满意，只有这样企业才可能成功。

目前，市场已经从质量达标向"用户满意"转变，顾客就是上帝，用户的标准就是企业的最高标准。经营者应把企业意识与经营方针相互结合起来，树立全心全意为顾客服务的思想，并以顾客导向引导企业的生产。

避免陷入认识陷阱

在水坝式经营中有几个常见误区，这些必须引起我们的高度重视：

——"设备水坝"或"库存水坝"绝不能和设备闲置或库存过剩直接画等号

企业首先要预估它的销售量，并根据这一预测来购置设备和决定生产量，市场多变性和一些其他原因往往致使产品滞销而产生大量库存，设备得不到充分利用，这和水坝式经营完全扯不上关系，造成产品库存和设备闲置完全是由错误估计造成的。松下尤其强调水坝式经营要建立在正确的估计基础上，预先保留10％或更多的储备。

——绝不能只顾眼前利益

水坝式经营应着眼于企业的长远利益，为了确保经营的发展，企业在各方面都要留有一定的余地。水坝式经营不是靠眼前的利益而获益的，筑起资金、设备等水坝是无法在短期内产生利润的，这就使许多人怀疑和否定水坝式经营。从长远角度来看，水坝式经营能使企业的经营更为可靠，避免出现失败的结局，所以，如果希望企业长期稳定地发展，就必须筑建经营中的水坝。

——"水坝式经营"并非绝对有利

无论资金或设备，如果只知道建立水坝，却不知如何运用，同样不会获利。对于期望长期稳定发展的企业来说，"水坝式经营"是必须的；相反，对那些不期望长期发展的企业来说，水坝式经营则未必奏效。

因此，除把握"水坝式经营"的理念外，企业还应充分结合本企业的具体条件和环境对它加以灵活应用！

附录：松下谈水坝式经营

维持企业的稳定成长，是天经地义的事。为了使企业确实能够稳定地发展，"水坝式经营"是很重要的观念。

水坝的意义，这里不再多加说明，修筑水坝的目的是拦阻和储存河川的水，应季节或气候的变化，经常保持必要的用水量。如果公司的各部门都能像水坝一样，即便外界情势有变化，也不会大受影响，而能够维持稳定的发展，这就是"水坝式经营"的观念。设备、资金、人员、库存、技术、企划或新产品的开发等，各方面都必须有水坝发挥其功能。换句话说，在经营上，各方面都要保留宽裕的运用弹性。

譬如生产设备，如果使用率未达百分之百就会出现赤字，那是很危险的。换句话说，平时即使只运用80％或90％的生产设备，也应该有获利的能力。那么当市场需求量突然增加时，因为设备有余，才可以立即提高生产量，达到市场的要求。这便是"设备水坝"充分发挥了功能。

再谈资金，譬如经营一个需要10亿资金的事业，如果只准备10亿，万一发生事情，10亿不够时，问题就不能够解决。因此需要10亿时，不妨准备11亿或12亿的资金，这就是"资金水坝"。

另外，经常保持适当的库存，以应付需要的急增，不断开发新产品，永远要为下一次的新产品做准备，这些都应该考虑到。不管怎样，如果公司能随时运用这种水坝式的经营法，即使外界有变化，也一定能够迅速而恰当地应付这种变化，维持公司稳定的经营与成长。这就好像水坝在干旱时能借泄洪来解决水源短缺。

但是，有一点是必须注意的，"设备水坝"或"库存水坝"并不是所谓的设备闲置或库存过剩。如果一个企业预估它的销售量，并依据这一项预测来购置设备和决定生产量，却因为卖不出去而有库存，设备也没有完全利用。这和"水坝式经营"扯不上关系。这只不过是估计错误所造成的，而这种剩余是不应该发生的。我所谓的水坝式经营是基于正确的估计，事先保留10％或20％的准备。

各种有形的"经营水坝"刚才已经说过，而比它们都重要的则是"心理的水坝"，也就是要先具有"水坝意识"。如果能以水坝意识去经营，就会配合各企业的形态而拟定不同的"水坝式经营"方法。然后，无论在什么时候，都能够稳定地发展"水坝式经营"的企业。我深信，只要能遵循这种方法，随时做好准备，宽裕地运用各项资源，企业不论遇到什么困难，都能长期而稳定地成长。

CI 战略计划

> 15 年前企业是在价格上竞争，今天要在质量上相互竞争，而明天则是在形象设计上相互竞争。
>
> ——理查德·科克（管理学家）

千呼万唤

从 1945 年至 1955 年，即第二次世界大战结束后的 10 年中，世界各地的任何一家企业只要推出品质优良、价格便宜的商品，就一定会非常畅销，这是靠"商品力"取胜的时代。

到了 1965 年，由于商品变得越来越丰富，光靠物美价廉已经无法决胜千里了，这时人们配合推销力，创造了良好的销售成绩，这是依靠"商品力"和"销售力"共同取胜的时代。

而现在，市场上充满了太多价廉物美的商品，每个公司也都致力于商品的推销活动，消费者的选择范围越来越大。在这种情况下，许多商品面临滞销的危险，而那些名字响亮的名牌商品却纵横天下。这表明，现代企业的经营力量除了

"商品力""销售力"之外，还须加上"形象力"。

"15年前企业是在价格上竞争，今天要在质量上相互竞争，而明天则是在形象设计上相互竞争。"美国哈佛大学一位学者的讲话，说明了塑造和推销企业形象的重要性。

在现代社会，商品和企业处于相同的条件下，消费者选择商品最好的方法就是关注商品和企业的品牌形象。

现代企业的不断革新，各企业所经营的业务形式、商品样式和活动地区，也会随之变化或扩大，倘若企业一直保守于过去的形式，或流于散漫的形象，将使自身陷于不利的处境。

为了避免这种危机，就必须想办法勾勒出清楚的新企业形象，并以此为据，针对未来社会而塑造富有竞争力的企业形象，由此，欧美先进企业在20世纪60年代已经开始在企业形象问题上加以关注，纷纷实行统一企业形象的经营战略。而直到20世纪60年代中期，对于这种崭新的战略在名称上、概念上都还没有形成共识，人们对其有着各种各样的称呼。

到了20世纪60年代末期，企业形象战略才终于有了统一的名称Corporate Identity，也就是CI。CI通常被译为"企业识别"，或者"企业形象设计"。Corporate是指一个团体或者企业，Identity在汉语中可解释为辨别、辨认之意。也有人称之为CIS，是英文Corporate Identity System的缩写。

三重含义

CI理论从诞生至今，已半个世纪，各个学科的专家学者对其有着不同的理解，研究的侧重点也不同，因而对 CI 的定义或解释不尽相同。

鉴于"企业识别"一词的多义性，一句简短的语言难于概括其丰富的含义，我们将这些含义综合起来做一个比较全面的诠释。

首先，辨认、认识意义上的企业识别，表明企业自身的身份与性质。例如，当我们看到"万宝路""可口可乐"两个标志时，我们很快会想到前者是香烟，后者是饮料。

其次，传播意义上的企业识别。对内表明一个组织内部的某种同一性，对外表示本组织的个性存在以及区别于其他组织的差异性。例如国际航空公司的服务体系，不论乘客是来自哪个国家和民族，其享受的服务都是相同的。

再次，社会意义上的企业识别，表明个体意识到自己归属于某一群体。思想意识、行为等都要服从制度，从而使这一群体中的个体能互相沟通和认可，相互协作与支持。例如企业的分公司、子公司与总公司的关系。

总之，所谓企业识别，就是一个企业借助于直观的标示符号和内在的理念等证明自身性与内在同一性的传播活动，其显著的特点是同一性和差异性。正如日本学者山田理英所说："从主体性的角度来看，Identity 就是对'我是谁'的疑问的解答；从同一性的立场来看，Identity 是企业本身某些事物的共通性。"

核心成员

从 20 世纪 70 年代开始，世界经济开始进入了"印象时期"，在大同小异、琳琅满目的商品货架上，产品的功能特点和包装装潢已难以召唤富裕的消费者，特别是感性消费者购物的冲动和热情。消费者购物行为已不再仅仅取决于一般的生理需要，还取决于对产品生产企业以及产品（或服务）的综合印象与感知。

有时仅凭一点之差就能决定企业胜负成败，这种差异就是企业形象差异。整体印象最好的产品，必是最受青睐的对象。因此，CI 实质上是一种企业形象差异化、风格化、个性化的战略。

CI 战略促使社会公众对企业产生一致的认同感和价格观。它由三个部分组成：理念识别 MI；行为识别 BI；视觉识别 VI。

1. 理念识别系统 MI。

1956 年美国 IBM 公司率先问津 CI，经过 30 多年，象征"科技、前卫、智慧"的 IBM，在世界高科技领域树立了蓝色巨人的形象，充分体现了其经营哲学、品质感和时代气息。

日本丰田汽车公司的理念："车到山前必有路，有路必有丰田车。"前一句体现自信、不畏艰险的信念；后一句昭示丰田的理想目标、气魄和激励员工奋发图强的事业观念。

2. 行为识别系统 BI。

在企业理念指导下培育出企业行为规范特征，成为企业员工自觉的行为方式和工作方法，这种外在的、直观的形象，确实能树立良好的、崭新的企业形象。

就拿银行来说，行容行貌最为直观，它给了客户第一印象。而第一印象的好坏，往往直接影响到银行在客户心目中的形象好坏。这除了要求脸好看、话好听、业务精通，外表及言谈举止亦不可忽视，如统一着装、阵容整齐；柜台人员化淡妆、美化容颜；谈吐不俗、文雅得体等等，都能使人赏心悦目，油然而生亲近感、可信感。

3. 视觉识别系统 VI。

在 CI 的形象识别定位中，关键点就是识别系统中的品牌识别定位。精心构思好一个色彩别致的图徽，一个标准字，一句传神、传情、传意的公关主题语，通过不同信息的风云际会、不同线条的繁花荟萃、不同色彩的争鲜夺艳，都会产生出神入化的形象效应。从而以始终如一的形象，给消费者以视觉冲击，强化企业在消费者中的形象意识，成为识别、选购名牌商品的一种承诺、一种满足、一种信任。

美学家休姆指出："两个视觉意象，可以构成一个视觉和弦。它们的结合，暗示着一个崭新面貌的意象。"

"Coca‐Cola"（可口可乐）的红背景，衬托白色花字母组合，横穿一条波浪形宽线带，宛若一艘白色巨轮，在红色海洋中破浪前进，挡不住的冲击和震荡。纯白、咖啡二色组合的"雀巢",流淌着素朴、温馨、柔和的家庭情调,透出了饮品的色、香、味,又洋溢着文化的情、趣、意。以纯白象征圣洁的化妆品"露美",用粉红渲染氛围,表现妩媚形象,用金黄条带显示高雅境界。

除了视觉识别 VI,听觉识别 AI 的作用也不可忽视,作为视觉识别的有益补充,它强化了企业形象的认知与记忆。让顾客留神企业主题音乐,这是听觉识别的最高境界,但操作也并非易事。这要根据企业形象的定位来谱写主题音乐,以便让人们一听到音乐的旋律,便自然而然想到该企业的形象。日本的"松下""日立""索尼",都有自己独特的歌词。

CI 系统由上述三个方面组成,任何一家企业都须在这三个方面上同时下功夫,整体考虑,达到内在美与外在美的和谐统一,才能塑造良好的企业形象。此外,企业形象是一个运动发展的系统,企业必须根据各个时期的不同情况而加以修改、补充与创新。

似是而非

企业导入 CI 的目的是为了塑造良好的企业形象。但 CI 与企业形象是两个不同的概念。因此,任何一家导入 CI 战略的公司都必须清楚地认识到这一点。

CI 设计的起点是将构成企业形象的要素转化成统一的识别系统,然后再借助于媒体将其准确、清晰地展示在公众面前,在信息传送者和接受者反复的相互作用过程中形成符合企业的形象。可见,"企业"既是 CI 的出发点,也是 CI 设计达到目标的落脚点。

但是，CI 并不等同于企业形象。

首先，CI 与企业形象的概念在英文中的表述不同。企业形象的英文是 Corporate Image，CI 是英文 Corporate Identity 的缩写，在汉语中的译法是企业识别。

其次，二者含义不同。企业形象是指社会公众和企业职工对企业的整体印象和评价，也是企业的表现和特征在公众心目中的反映。这种印象和评价是公众对企业综合认识的结果。

再次，构成要素不同。企业形象要素体现于产品形象、环境形象、职工形象、企业家形象、社会形象、总体形象之中，也就是说企业形象是由上述形象要素组成的。企业识别系统要素由理念识别（MI）、行为识别（BI）、视觉识别（VI）构成，显然比企业形象具有更丰富的内涵。

CI 表明企业在行业结构和社会结构中的特定地位或个性化特征，它是通过不同的传播方式使其在公众心目中对企业产生认同或共有价值观的结果。

企业形象并不是一成不变的东西，相反，随着环境的变迁、社会价值观的改变，企业必须通过企业再定位，调整经营理念来塑造新的企业形象。如果 CI 仅仅是对企业本身形象的社会传送，其作用就只限于为那些本来就具备良好的形象素质，但信息传递力不强的企业进行信息传达设计。

事实上，大多数的企业是因其形象要适应日趋激烈的竞争的需要，才求助于 CI 这一系统的手段，这也正是 CI 产生和发展的深厚基础。

CI 是塑造企业形象最为快速、最为便捷的方式和手段。但它并不是一种万能的形象手段，更不是企业经营本身。CI 侧重企业的传播，与营销、公关、广告相比，CI 更具系统性、整体性。

所以，应该说 CI 是企业管理的一部分，而不是企业管理的全部，更不是企业经营本身。

漫漫长路

对大多数企业来说，虽然 CI 战略设计是提升企业形象的最佳方法，但 CI 战略的发展和应用并没有因此一帆风顺，经过半个世纪的漫漫长路，才使它成为一种世界性的趋势。

CI 的早期实践可以追溯到 1914 年德国的 AEG 电器公司首创 CI。AEG 在其系列电器产品上，首次采用彼德·贝汉斯所设计的商标，成为 CI 中统一视觉形象的雏形。

第二次世界大战之后随着国际经济的复苏，一些企业经营者认识到建立统一的识别系统，以及塑造独特经营观念的重要性，于是欧美各大企业掀起一股导入 CI 的热潮。

美国国际商用计算机公司于 1956 年以公司文化和企业形象为出发点，为了表现制造尖端科技产品的企业精神，将公司的全称 International Business Machines 设计为富有品质感和时代感造型的蓝色 IBM。

从此以后的四十几年中，IBM 一直被视为"蓝色巨人"的形象代表，即"前卫、科技、智慧"的象征，这也是 CI 正式诞生的重要标志。

当 IBM 公司将其桌面印刷机、打印机及其相应配套设施的生产线出售给一家新的投资公司时，新公司需要一个新的名称和标志，根据销售协议规定，在 1996 年之前，新公司可以拥有使用 IBM 名称的权利。新公司希望消费者在看出是新的生产线的同时，也注意到它与更为人熟知的 IBM 形象间的联系。

利盟国际公司（Lexmark International）这个新名字，是从最初的 200 个候选名字中挑选出来的。并且，新公司制订了一个分阶段的时间计划表，计划在 5 年的时间内逐步引入 Lexmark 这个名字，而这 5 年内，新公司被允许继续使用 IBM 的标志，其中一个广告就是要求消费者想象一个具有 50 多年历史的崭新的公司。

20 世纪 60 年代以后，欧美国家的企业出现了 CI 导入高潮。主要表现为由无线电业扩展到情报、娱乐等八种领域的 RCA；20 世纪 70 年代表现为以强烈震撼的红色、独特的瓶形、律动的条纹所构成的醒目的 Coca - Cola 标志。

在这段时间可以说是欧美企业 CI 的黄金时期。随后还有其他一些国家陆续开始实施这一系统，从而使之成为一种世界性的趋势。

取其精华

日本企业也在 70 年后开始创造自己的 CI。日本日经研究所曾设计了一套 CI 效果调查指标体系，主要包括市场因素、外观因素和现代因素三大类。不同企业在导入 CI 时，对这些因素的侧重点会有不同。这个研究所认为，企业的销售额和广告认知度是评价 CI 效果的关键因素。

日本在引进欧美 CI 的同时，并没有完全照搬，而是将民族理念与民族文化融入其中，取其精华，对 CI 进行了结构上的革新与完善。

日本 CI 专家山田理英指出，美国的 CI 定义与日本 CI 的定义是大相径庭的。前者认为：CI 是以标准字体和商标作为传播企业理念与企业文化的工具；后者则认为：CI 是一种明确地认知企业理念与企业文化的活动。对 CI 概念的不同理解，必将产生不同的效果，这就是日本 CI 发展的根本原因。

所以，CI 不是一个固化的概念，其内涵在随着时代的变革、企业的发展而不断地创新与变革，同时其概念内涵也由于民族文化不同而有所不同。但是，无论其他情况如何变化，CI 的基本精神是始终不变的。日本 CI 专家加藤邦宏说："对于企业界来说，CI 是一种问题解决学。"这就是 CI 的基本精神。

CI 无论怎样发展与变革，它始终围绕着一个理念核心在运动，这就是为企业解决问题。更明确地说是解决企业与社会、自然的关系问题，它所使用的工具就是塑造企业形象，它解决问题的方式就是不断变革，并以此推动社会发展，维护企业、社会、自然的动态平衡。

因此，CI 战略的根基始终应放在企业自身形象的设计与开发上。所以加藤邦宏说："CI 就是对企业整体进行的设计工作，以企业整体的活动作为设计对象，使企业本身、个性的表现合乎时代潮流。"

从这种立场出发，加藤邦宏认为："为了形成企业的形象而设计以开发为中心的活动，才是所谓的 CI。"

一箭四雕

企业的经营资源，主要包括人、财、物三方面，推行 CI 后，企业的经营资源会由于处于"活化"状态而发生神奇的变化。

1.CI 有利于企业稳定原有职工队伍，不断吸收招揽优秀人才。

现代企业的竞争，不但是新技术、新产品的竞争，更是人才的竞争。松下幸之助就曾告诫其员工："松下"不仅只是创造更好、更新的电器产品的企业，还是创造更新、更优的新人才的企业，只有具备优良形象的企业，才能赢得人才的信赖，才能保证企业不断进展、规模不断扩大。

CI 通过塑造富有个性的企业形象，可以在人才市场上占有巨大的优势：

首先，由于企业形象有一定的倾向性和针对性，因此，因企业形象慕名而来的新职员也就具备了更加符合企业特定要求的集中性，即企业所表现出的形象与这部分新职员的愿望和要求相一致。

另外，由于推行 CI 后的企业有着强烈的"文化氛围"，新进员工能很快受到鼓舞与熏陶，较快地适应工作。

2.CI 有利于企业的融资，扩大社会资金的来源，增强股东的投资信心。

一个企业如果没有良好的资金渠道，很难扩大再生产，获取更大的规模效益。CI 塑造的良好企业形象，有利于增强投资者的安全感和信任感，获得银行的支持以及股民的信赖，扩大企业的融资能力。

英国的鲍施·洛勃公司是光学仪器制造商，而且具备制造技术方面的优势，其股票变动却只为人数不多的分析人员所追踪，于是企业决心变革，在收购了一系列其他公司后，变成一个以健康保健服务为主要内容的组织。

为了改变股票分析人员的观念，公司将自己公司的名称改为健康保健和光学国际公司，放弃以往的制造业名称，这样公司摆在分析人员面前的便是四个主要的赢利颇丰的领域，它们分别是个人健康、医疗、生物医学和光学。结果，公司的股票价格在 6 个月后上涨了大约 40%。

据美国一些著名研究机构的调查显示，企业名称改变后，不到两个星期内就可以看到股票市场相应的变动。

日本股票投资的专门杂志和书刊也认为："公司名称的变更，正代表着企业的革新，所以会影响该企业的股票价格。"如日本冷藏株式会社为配合多元化经营的发展，于 1985 年将公司名称改为"NICHIREI 株式会社"，致使该公司的股票价格飞涨 400 日元。

3.CI 有利于争取到更多的供应商和销售商，扩大企业的流通渠道。

研究企业形象的尼古拉斯·印德认为："购买与销售之间的关系主要有两个方面：一方面是经验，另一方面是形象。作为一个购买公司，如果能以相对低的价格买到高质量的产品，那么公司的名誉会因此得到提高。"

"能做到这一点，应该归功于公司单独统一的企业形象。如果公司是高度的多元化经营的公司，而且使用一系列的贸易名称进行经营，那么，这些贸易公司就不会出现上述情况，供应商也会凭借不同的经验介入贸易关系之中。"

可见导入 CI 后，有利于企业建立一个统一庞大的形象，使供应商愿意以小批量供给产品。这一原理对销售商也同样适用。

总之，CI 所创造的优良企业形象，可以增强供应商和销售商的供销信心，促进供销商勤进快销，使之与企业建立起长期稳定的供销网络与良好的合作关系，不断扩大企业产品的销售。

4.CI 有利于获得消费者的认可。

英国的一家策划顾问公司负责人奥立佛通过参加名牌产品的商务活动，与世界上 1000 多家优秀公司客户接触后认为："对名牌产品有着高度认识的企业必然成功。"名牌，在消费者眼中，是信任的标志，是荣耀的象征，名牌所引申出来的气派和身价，让消费者认为即使花费比同类商品高出很多的钞票也值得购买，所以厂家就有利可获了。

终极目标

CI 的推行使企业信息的传播简单化、差异化，易于被公众识别和认同，有利于搞好公共关系，从而达到最佳的沟通效果。同时，CI 本身创造的企业优良形象，也使公共关系的运转有了坚实的基础。

那么，我们不禁要问，实施 CI 战略究竟要达到什么样的效果才算成功，它的终极目标是什么呢？

答案就是创立企业自己的品牌，让自己的品牌成为名牌，甚至世界名牌。

"企业的牌子如同储蓄的户头，你不断通过广告累积其价值便可尽享其利息。"这是美国万宝路香烟总裁马克斯·韦尔对名牌的精辟见解。万宝路的金字招牌每年可以给万宝路企业带来 30 亿美元的收入，全球销量第一的万宝路牌子其价值已达 200 亿美元。可见名牌有着沉重的含金量。

当某一商品的商标成为名牌商标，也就是成为众所周知的商标时，这一商品就成了名牌商品。某一商品一旦成为名牌商品，就会成为竞争力强、销售量大、销售范围广的商品。

在市场营销的竞争中，名牌商品也如同取得了营销"通行证"一样，在市场上纵横驰骋，不断地扩大市场占有份额。在当今的市场上，尽管名牌商品的售价要比非名牌商品高一些，但是名牌商品总是有购买能力的消费者的首选目标。

随着市场经济的蓬勃发展，我们正步入一个名牌消费的时代。在这样的时代，人们都已不太计较价格，商标和公司的形象变得比产品和价格更为重要。

随着人们消费水平的提高，必然带来消费观念的变化。人们在选购商品时不仅注重使用价值，更注重商品的品牌。崇尚和追求名牌已在大众消费活动中占有很大比重。据有关部门预测，在今后一段时间，消费品市场将逐步形成以名牌为主导的格局。

现代社会对企业尤其是名牌企业要求很高，但是，导入 CI 和创立名牌并不是一蹴而就的，这需要企业坚持不懈地努力，通过了解一些名牌企业的发家史，我们可以清楚地了解到，他们无一不是长期精心运作的结果，是企业导入 CI 的结晶。

企业导入 CI 的实践已经证明：名牌后面是文化，名牌后面有 CI。企业的名牌之路与 CI 的成功导入密切相关。由此，企业家们逐渐认识到，CI 是创立名牌的必由之路，是开拓市场的利剑。

在创立名牌、创立知名企业的发展战略目标驱动下，企业家们纷纷开始拿起 CI 战略武器，实施 CI 战略逐渐成为他们的自发需求。

CS 经营战略

颠覆亨利·福特模式

在资本主义早期，企业面对的是一个需求巨大、供给不足的卖方市场，提高产品产量自然成了企业管理的重心，企业管理基本就是产值的管理。在这种情况下，企业不断努力的结果就是为了不断提高生产效率。

亨利·福特模式的成功，进一步加强了人们对产品导向的深信不疑。即使在人们的需求发生变化很久以后，福特还坚持认为自己是明白顾客需求的。

但到了 20 世纪 80 年代中期，大多数发达国家的很多行业已经处于买方市场。如果不能做到顾客满意，即使再好的商品也会有卖不出去的风险。

这时，"营销学大师"泰德·李维特认为，企业要做的首要事情不是简单地生产产品，而是使客户满意。企业应该注重市场化即市场导向，而且这种信念应来自企业的 CEO 及相关高层管理人员。

李维特同时指出，营销人员应该向顾客灌输一种价值，而不是产品。这种价值能够吸引顾客并让他们保持对企业的忠诚度。

斯堪的纳维亚航空公司首先对这种经营环境的变化做出了系统反应。1985 年，他们提出了以"服务与管理为王"取代"产品为王"的观点，并付诸实践。这意味着企业开始自觉地把竞争由生产率的竞争转换为服务质量的竞争。他们的信念是："企业利润的增减首先取决于产品和服务质量的高低。"

"服务与管理"的观点传到美国后，得到了进一步运用和发展。当时，为了恢复美国的国际竞争力，美国政府专门创设了国家质量奖。在国家质量奖的评定指标中，有近一半以上直接与顾客满意度有关。

在这种情况下，CS 经营战略的概念便产生了。CS 是英文 Customer Satisfaction 的缩写，即"顾客满意"。

这里的"顾客"是一个相对广义的概念，它不仅包括企业产品销售和服务的对象，还包括企业整个经营活动中不可缺少的合作伙伴。

CS 的基本指导思想是企业的整个经营活动要以顾客满意度为原则，要从顾客的角度、用顾客的观点，而不是企业自身的利益和观点来分析考虑顾客的需求，要尽可能全面尊重和维护顾客的切身利益。

毫无疑问，CS 是企业经营战略的一种新视野、新观念和新方法。这种经营战略热潮始于汽车业，后逐渐导入家电、机械等制造行业，如今它已在银行、证券、旅游等很多行业得到了广泛应用。有些国家甚至还建立了全国性的顾客满意度指标，政府可以通过这套指标来评价国民福利。

CS 战略的丰富内容

虽然 CS 战略的英文是 Customer Satisfaction，但它不仅仅是"顾客满意"几个字那么简单，它还包含着非常丰富的内容：

首先，要站在顾客的立场上研究和设计产品。

要把一切顾客"不满意"的因素从产品本身（包括设计、制造和供应过程）去除，并把握顾客的需求趋势，预先在产品本身上创造顾客满意，同时还要不断完善服务系统，包括提高服务效率、产品质量等各个方面。

其次，要十分重视顾客的意见。

美国一家权威机构的一项调查表明，成功的技术创新和民用新产品中有 60%～80% 来源于用户的建议。

再次，建立以顾客为中心的相应企业组织。

企业对顾客的需求和意见要快速地做出反应，同时要创造一种鼓励创新的组织氛围，并确保组织内部保持上下沟通的顺畅无阻。

最后，将分级授权作为令顾客满意的服务环节中重要的一环。

如果相关工作人员没有充分的处理决定权，一切问题都必须由上级下指示，顾客满意便无从谈起。

从根本上说，把 CS 战略作为企业发展战略，这主要来自对企业与顾客关系的正确认识。然而有的企业出于自身利益，把 CS 战略视为销售战略，认为只有顾客满意了，企业产品才能扩大其销路，自己才能更多地获利，因此企业视顾客为"财神爷"，开始一味谋求与顾客建立互相利用的关系。像这种把企业发展战略当成销售战略的行为是无法真正获得顾客认同的，也无法达到企业自身的利益目标。

当然，企业作为一个独立的市场竞争主体，它有自己的利益，并且为实现这种利益而努力。CS 战略要求企业把顾客满意作为战略目标，消费者肯定会怀疑：企业真的会这样做吗？

但是，只要企业真正地做到把顾客满意作为战略目标，那么，消费者的怀疑就会不攻自破。

服务取胜的时代

当资本主义经过几十年的发展后，产品变得非常丰富，产品销售的竞争越来越激烈，销售于是成了管理的中心环节。

为了提高销售额，就必须在内部严格控制产品的质量，在外部强化营销观念。但是，质量竞争的结果导致产品成本越来越高，这就使得很多企业的销售额不断提高，但是利润却不断下降，于是，利润中心作为销售额中心的修正版本开始登上企业管理的舞台，企业管理的目标逐渐定位于以利润为中心的成本管理上。

但是，成本是不可能无限压缩的，在一定的质量前提下，成本的压缩总是会达到极限，而企业对利润的要求却是无止境的。而且，成本再压缩必然会带来产品质量的下降，或者说提供给客户的价值降低。

因此，企业不得不再次审视自己的管理思想，于是顾客的地位被提升到了前所未有的高度，以顾客为中心被普遍认可。

进入20世纪90年代后，更是服务取胜的时代，这个时代企业活动的基本准则就是使顾客满意。企业要保持技术和生产率的领先已变得越来越困难，顾客成了企业竞争中最关键的因素，凭借高质量的服务来争取顾客，已成为越来越多的企业家的共识。

从某种意义上说，使顾客满意的企业才是不可战胜的。这样的企业在产品价格高于竞争对手的情况下，仍拥有忠诚于其产品的顾客。它们遵循的一条原则便是利用新技术和优质的服务去适应市场变化。

1992年初，日本一项有关产品、服务的"顾客满意"调查显示，在所有的行业中，只有汽车业满意度平均值超过50%，而汽车业是CS经营战略运用得最早且是最广泛的。

1994年底，美国质量控制协会等机构首次公布了顾客满意度这一经济指标，显示了40个不同行业质量改进措施与其投资收益的关系，运用CS经营战略较多的汽车业又一次名列榜首。

客户即是资产

我们之所以提倡 CS 经营战略，是因为客户就像那些为企业带来直接利润的资源，与货币资金、存货、成品一样处于重要的地位，我们甚至可以将其纳入会计核算的范围。

于是客户资源就可以因为具有可用货币衡量的准确价值，使得客户的增加、减少以及每个客户带来的收益的变化等因素来引起每一个员工乃至企业管理层的高度重视。

其实，"客户资产"并不符合严格意义上"资产"的定义，因为"客户"虽然在某种程度上具有资产的主要特征，如它主要是由企业过去的经营活动获得的，在某些方面具有可用货币衡量的价值，通过和现有企业的资产相结合可以为企业带来收益等等，但是企业并不对它的客户具有所有权和控制权。

企业通过赋予客户"资产"的含义，便可以借用资产管理的一些方法，确定客户资产的结构，设立客户资产盈利指标，将客户关系管理放在战略高度加以充分重视，同时在具体操作中可以做到有"章"可循，有"法"可依。

通常，顾客被分为交易顾客和关系顾客两种。通过商品打折可以吸引交易顾客，他们希望了解所有商场的价格，进而做一番对比，所以从他们身上取得的利润是十分有限的。

而关系顾客则是一种可以与之建立起长期关系的消费群体，企业可以从他们身上获得长期利润。他们可以长时间在一家公司消费，前提是这家公司必须与他们建立起一种相互信任的关系，并能给他们提供最迅速、最便利的周到服务。

这些顾客期望找到一家可以依靠的、能提供优质服务的、并能与其建立起一种友好关系的公司。为此，他们会放弃一些小利，而要求不断得到个性化的服务。只要与他们建立起长期的关系，他们就会长期地为公司带来稳定的收益。

争取不如挽留

实践证明，进攻型的营销成本远远高于防守型的营销成本，吸引新顾客的成本至少是保持老顾客成本的 5 倍。

越来越多的企业开始认识到守住现有顾客的重要性，现有的顾客预示着最佳的利润增长机会。留住现有顾客，带来的远不是顾客数量的维持和提高，而是意味着"服务质量"的提高和企业长期的发展潜力。

由倍恩公司的雷切德和哈佛商学院的萨塞尔所做的关于客户维系的研究反映，客户背叛率降低对于企业具有重要影响。他们计算了在目前的客户背叛率情况下，在客户平均生命周期内可能给公司带来的利润流量的净现值，还计算了在客户背叛率降低 5% 的情况下，在平均客户生命周期内给公司带来的利润流量的净现值。

因此，在企业关系的客户关系管理中，可以这样描述企业和客户的关系：建立关系——维持关系——增进关系，还可以表述为：吸引客户——留住客户——升级客户。

竭力追求双赢

CS 经营战略决不讳言对利润的追求，CS 经营战略的目的也就是善于发现和培育，并且留住"真正的客户"。

所谓真正的客户，是指和企业能建立起长期、稳定的关系，愿意为企业的产品和服务承担合适价格的客户。

当把"双赢"作为关系存在和发展的基础时，"供给"的一方提供优质的服务和产品，"需求"的一方回报以合适的价格，供需双方之间是一种长期稳定、互惠互利的合作关系，显然，这样做的结果是"大家都满意"。

20 世纪 80 年代末期，通用电器设法使它的分销商能储存足够的通用电器公司的产品。但也因此带来了不少问题，尤其是那些规模相对较小的独立电器分销商，他们本身很难承受这样的库存量，因为他们还要承受来自其他品牌的电器库存压力。

于是，通用电器重新定位了它与分销商之间的关系策略，并且建立了一个新的销售模型——"直接销售"系统。

运用这个系统后，通用电器分销商的库存中只有可供展示用的样品。分销商可以通过通用电器的订单处理系统，查询可以提供的产品型号，然后提出订货，通用公司次日便可发货。

使用直接联系系统，分销商还可以享受最低的价格，并可以从通用电器公司获得资金融通，而且在最初的两个月不用交纳利息。

由于分销商只需交付较低的存货成本就可以获得较大的

实际存货，作为回报，分销商必须履行以下义务：

——销售9种以上通用电器主要产品；

——50%的销售额必须来自通用电器产品；

——公开账簿以供通用电器公司查阅；

——每月通过电子资金转移系统和通用公司结一次账。

从中可以看出，利润是良好客户关系的最佳指示器，在客户关系管理方面，利润因此常常被确定为客户关系管理追求的首要目标。

在 CS 经营战略中，对利润的追求不必像一些营销战略里面那样羞于启齿，只要能达到"客户满意"，凡是有效的各种手段在客户关系管理中都可以积极采纳，毕竟"双赢"才是客户关系管理追求的目标，而"客户满意"只是企业和客户建立和发展长期的可赢利关系的一种口号和手段，企业真正需要的是"双赢""双方都满意"。

提供个性化服务

在理性消费时代，物质并不是很充裕，消费者普遍注重产品是否经久耐用，考虑较多的是质量、功能与价格三大因素，"好与坏"成为评判产品的标准。

当进入感性消费时代后，物质比较丰富，收入与产品价格比大幅度提高，价廉物美不再是顾客考虑的重点。相反，消费者侧重于产品的设计、品牌及使用性能，"喜欢与不喜欢"成为评判产品的标准。

实行 CS 经营战略，还应具有满足客户特殊需求的能力，即个性化。提供个性化的服务或产品能使一些顾客成为忠诚顾客，否则，顾客十分容易被自己的对手抢走。如果商家的个性化服务做得好，还可以补救一些自己由于意外情况造成的失误。

调查显示，顾客喜欢在下面一些东西上花费时间和金钱，它们是：

——自己的确需要的东西。

——自己认为有价值的东西。

——感兴趣的东西。

——无用但经常影响自己的东西。

从中可以看出，顾客追求的是时间、金钱的价值最大化。也就是说，顾客期望花费一定的时间与金钱，获得对自己最有价值的产品或服务。

许多公司都提供促销折扣、礼券、返还现金等服务项目，他们期望通过这种方式"贿赂"顾客，来得到自己所需要的顾客忠诚度，但顾客不一定会因此而变得"忠诚"。

对很多消费者来说，即使没有品种繁多的促销折扣，他们也仍然要购买，并且许多高收入阶层对促销活动最为反感。也就是说，顾客的忠诚度是不可以直接用金钱来购买的。

如今的顾客需要的是一种特别的对待。他们希望在消费过程中得到自己期望的个性化的服务。如有一位顾客在自己的生日那天购物时，公司的系统通过身份验证识别出今天是他的生日。在他购物时提供一个亲切的问候或一小瓶香水，很明显，这将有利于提升顾客对本公司的忠诚度；或者通过定期奖励消费积分超过一定数目的顾客，以此鼓励忠诚顾客进行更多的消费。

实施 CS 经营战略，同时还要把握市场信息，适时调整对顾客的营销策略，信息在未来将比商品本身更具有价值。发现并更新对自己公司有价值的信息，也就是要发现顾客与公司保持关系的真正原因——他们还需要什么？只有这样才能最大限度地去提高用户的忠诚度，并与其建立长期的"合作"关系。

让顾客满载而归

有些人认为，CS 只是在合同执行过程中达成，只与合同执行部门有关，而与其他部门没有任何关系。

其实不然，从企业的目标体系架构方面来考虑，CS 经营目标虽然与合同执行部门关系紧密，但该目标的实现与否不仅仅是执行部门的事，它关系到企业运作的各个层面，因此，也决定了"客户满意"取决于多方面的因素。认清这些因素，是把握和提高客户满意度的前提。

如果把企业经营的各项目标如营业额、收入、市场占有率、利润、客户满意度等均看作是孤立的因素，那么就不会实现持续的客户满意。要实现持续的客户满意，必须考虑其背后的各方面因素并进行合理分解，不仅需要关注"虚"的层面的短期表现，更要关注"实"的层面的长期效果。

"客户满意"意味着客户的需求和期望获得满足，而这些需求和期望又可分为明确的和内在的两种。前者是客户提出的要求，而后者往往容易被企业忽略，合同纠纷常源于此。

客户不仅关注获得服务后的感受，同时也关注这种服务过程的感受。这些因素主要受控于合同执行人员的表现、服务意识和规范化的运作等。

实施 CS 经营战略，认清了影响"客户满意"的受控因素，"客户满意"目标的分解细化和各项分解目标的落实也就清晰明确。其目标分解方式不是简单的部门内部量化分解方式，及直接的任务和行动计划分解方式，而是一种横向的传递。

让考核有法可依

通常，考核企业业绩的最终目标是财务指标。其中"客户满意度"指标对于财务指标的实现有着重要影响，它不仅关系到能否实现企业短期财务指标，而且关系到企业长远财务指标的实现。

因此，一些公司在目标体系架构中，都将 CS 作为一项经营目标，并进行业绩考核。

CS 作为企业经营活动所追求的一项重要目标，在实现的过程中需要进行相应的目标测量和目标考核。这在客观上需要建立一套与之相适应的制度监控机制，且能有效运作。

在实施这项监控的过程中，一个重要的问题是怎样来衡量客户满意度，以及如何来量化这一指标。

当前还没有相关的一些标准可以遵循。但企业可以根据自身的情况来构造客户满意度指标。这一指标的设计可以从市场定位和产品定位两方面来考虑，并以促进企业内部改进工作的需要为原则来实施。

具体实施过程中，可先将产品进行分类，并确定每类产品的一些相关的质量特性，从这些特性中，选取对企业最重要的，且客户最关心的几项重要特性来考核即可。也可以对各主要产品的客户满意度进行评估，选取方式可参考收入、利润额、用户数等信息，从而对企业整体的客户满意度进行评价。

同时，由于客户满意度目标具有全员参与性，这种参与包括直接参与和间接参与。因此，对客户满意度的监控需要从项目、部门和公司三个层面上进行，并沿着业务流程，从营销、开发、实现、售后服务等各个环节展开。

对于支持性工作，则需要监控其工作结果的内部客户满意度。其中，最首要的是在管理层的例行会议中，进行客户满意度状况的定期回顾与总结，发现问题并及时处理，并建立快速反馈机制。

业务流程重组

通过成功实施 BPR 后，现在我们应付账款部只有 125 人（仅为原来的 25％），意味着节俭了 75％ 的人力资源，而非原定的 20％。

——福特汽车公司

彻底的重组而非改善

第二次世界大战以后，西方国家的经济增长速度逐渐放慢。20 世纪 60 年代下降到 5％，70 年代约 3.6％，80 年代约 2.8％，90 年代进一步降为 2％。在短短 20 年间，西方国家的经济就丧失了近 60％ 的增长势头。

与此同时，全球的生产力在迅速提高，科学技术的发展也日新月异，经济体系已由工业经济逐步发展到以信息和知识为基础的服务经济。而当时的企业管理结构和运营机制是在 19 世纪设计出来的，它是工业社会，尤其是早期工业社会的产物。

所有这些，不得不迫使企业从根本上重新思考自己的企业管理进程。

在思索企业管理的进程中，管理学界提出了多种思想，并在实践中进行检验。20世纪60年代，日本兴起了一种称为"改善"的管理哲学。在这种管理理论的指导下，每个人总是在不断地改进每一件事，日本工业因为这种管理思想的广泛应用而迅速复苏。

但到了20世纪80年代，许多大公司，特别是欧美一些大公司开始认识到，靠这种连续的改善对处理企业面临的变化和危机是远远不够的。

进入20世纪90年代后，美国哈默博士为了提高企业的竞争力、生存能力和发展能力，提出了一种现代企业的管理思想和方法——BPR（Business Process Reengineering），即业务流程重组，其核心思想就是要不断地对企业原有的业务流程进行根本性地思考和彻底地重组。

实践证明，业务流程重组可以使反映企业竞争力的各种要素（包括时间、成本、质量、服务、速度和环境）得以大幅度地改善和提高。

因而，从此之后，BPR为管理学界和实业界备受推崇，被奉为"现代管理的一场最有意义的深刻革命"。

BPR 的四个核心理念

业务流程重组强调以业务流程为改造的对象和中心，以客户的需求与满意为目标。它是一种对现有的业务流程进行根本性思考和彻底变革的企业管理思想。

BPR利用先进的制造技术、信息技术以及现代化的管理手段，力求打破传统的职能型组织结构，建立全新的过程型组织结构，从而使企业经营在成本、质量、服务和速度等方面得到全面改善。

从 BPR 定义中我们可以归纳出四个关键词，即"过程""基本的""彻底的"和"显著的"，它们分别包含了 BPR 的四个核心理念。

——过程

这是该理念中最重要的一个理念，即企业改造的对象是企业过程，过程强调的是工作应该怎样进行，而不是工作是什么。这一点与传统观念有着根本的区别。

亚当·斯密对此的解释是把工作分解成若干项极其简单的任务，然后把每一种任务交给专门的人员去做。任务就是基础，这种思路在过去 200 年里成为企业组织机构设计的基本依据。而今，管理的思路已经开始转向以过程为基础。应该说，BPR 的最大贡献就在于其过程管理的思想。

在对企业过程进行再造之前，人们总要提出这样一些最基本的问题，如：

"为什么我们要干这项工作？"

"为什么我们要这样干？"

"我们为什么要这样完成这项工作？"

"为什么必须是由我们而不是别人来做这项工作？"

诸如此类的问题很多，通过对这些问题的仔细思考，能促使人们去观察、注意困扰自己工作的那些规则和前提。结果，人们往往会发现这些规则已经是过时的、错误的或不适当的。

——基本的

"基本的"是指不以现有的事物为起点，任何事物都有其存在的理由，它并不注重事情"现在"是怎样，而注重事情"应该"是怎样。

——彻底的

"彻底的"意味着对事物追根溯源，从事物的根本着手。它不是对现有的事物进行表面的变动或是一般性的修补，而是把旧的一套完全抛弃。它的核心是对企业进行重新构造，而不是对企业进行改良、增强或调整。

——显著的

所谓"显著的"，是指业务流程重组追求的并不是一般意义上的业绩提升或好转。

比如某企业需要工业原料，虽然质量相同，但在北京购买的成本是 40 元每单位（含其他费用），而在天津购买是 38 元每单位（含其他费用），企业自然会选择在天津购买，这样，成本降低了；再如某工人改进了操作方法，使工序的时间由原来的 5 分钟减为 3 分钟，效率提高了，但这些都不是我们所希望的"显著"。

"显著"改善必须使企业业绩有显著的增长、极大的飞跃。它不是一般性的微调，而是破旧立新。由此可见，并不是企业内任何小小的改革都可以冠以 BPR 的。

三思而后行

在全球，虽然有许多成功实施 BPR 的著名例子，但这并不表示企业能够"眼睛朝天"，盲目地实施 BPR 行动。实施者最好能对以下三个方面进行深刻的分析、思考，寻找最适合企业的解决方案：

——选择恰当的重建时机和条件

并不是每一个企业都需要彻底的重建，由于企业所处的实际情况不同，在重建的时机和措施上也有所不同。同时，实施 BPR 虽是高收益的项目，但也伴随着巨大的风险，因此，首先必须明确企业重建的动机，并选择好企业重建的最佳时机。

如果某个企业陷入困境，市场占有率大幅度下降，产生严重的亏损，面临严重的生存危机，这时，只要把企业的生死存亡问题提出来，员工就会为自己的明天担忧，对于重组自然配合，也愿意为重建承担额外的工作。

——如何正确对待流程重组

BPR 的核心是流程重组，所以，重组时一定要慎之又慎。若企业的主要竞争对手正在进行重组，那么，企业就不能等闲视之、坐以待毙，也应考虑企业是否应该进行较大的重组。

当市场上有某项新技术诞生，并足以改变市场的竞争规则时，企业就应该及时地运用此项新技术进行流程重组。

——坚持自上而下的领导和自下而上的改革

同其他新事物的初次应用一样，企业实施 BPR，首先也要有一个权威人物的领导，这个领导在重大问题上能够做出决策，在实施过程中能够担负责任。而流程重组的推广则需要全体员工的共同努力。因此，必须调动全体员工的积极性来投入这场变革，并且自下而上地完成改革。

BPR 作为一种重新设计工作方式、设计工作流程的管理工具，具有普遍的意义。但我们还可以将 BPR 的实施设想成一种多层次的立体形式，整个体系由观念重建、流程重建和组织重建三个层次组成。

业务流程重建

要想成功实施 BPR，首先就是要对企业进行重组，这涉及企业从观念到内部结构的一种再造，所以具有相当的难度。

流程重建是指对企业的现有流程进行调研、分析、诊断后，重新构建新流程的过程。它关注的是企业的业务流程，一切"重组"工作必须全部围绕着业务流程展开。

"业务流程"是指企业为顾客创造价值的一组相互关联的活动，从本质上说，它是一组相互关联的价值链。

由此可见，企业之间的竞争其实是他们价值链之间的竞争。由于相关因素可能发生变化，只要其中的任何环节出了问题都可能造成整个企业效益增长的停滞或下降。对价值链的各个环节（业务流程）实行了有效管理的企业，才能真正获得市场的竞争优势。

流程重组应遵循以下三个步骤：

——流程分析

即对企业现有的业务流程进行描述，找出其中存在的问题。

——业务流程的再设计

针对前面分析的结果，重新设计现有流程，使其趋于合理化。

——业务流程重组的实施

这一阶段重在实践，将再设计后的新流程真正落实到企业的经营管理上来，实现 BPR。

需要注意的是，流程重建不能全线出击，首先要分析全部作业流程，选择存在问题最突出的环节或核心环节进行重建，而如何确定这些环节，是一项很复杂的工作。

在重建前，必须考虑到可能出现的各种情况，例如这项流程是否是必须的或关键的，重建是否可以解决企业当前的问题，一旦重建失败应该如何应对等等，所有这些都要求把流程搞清楚了再决定是否重组。

观念、组织重建

在做好业务流程重建的同时，还应加强组织、观念两方面的重建工作。只有这样，才可以使企业更好地适应买方市场的需求，增强其整体的运行效率。

尽管重建对象之间存在着彼此作用的关联关系，它们内部也还有各自相应的操作步骤：

——观念重建

观念重建首先要解决的是有关 BPR 的观念问题。即要使整个企业内部树立起实施 BPR 的正确观念，让企业的所有员工都能理解 BPR 对于企业管理的重要性。它主要涉及三个方面的工作：

首先，组建 BPR 小组。

BPR 要求的是大幅度地变革基本信念、转变经营机制、重组企业文化、重塑行为方式和重构组织形式。所以，在企业内部必须建立专门的领导机构，而这需要一流的领导和组织作保证。

其次，做好前期的宣传准备工作。

这是一项非常必需的工作，它帮助企业的员工从客观和整体的角度，来认识和理解业务流程重组对本企业的重要意义。如果教育不到位、不深刻，往往会造成企业内部的人心恐慌和抵触情绪。

最后，要设置合理目标。

业务流程重组的目的是什么，首先要设置一个明确的目标，做到"心中有数"。最基本的目标有：降低成本、缩短时间、增加产量、提高质量、提高顾客满意度等等。

——组织重建

组织重建是为业务流程重组及其不断改进提供制度上的维护和保证。建立长期有效的组织保障，才能保证流程的持续改善。

具体内容包括：建立流程管理机构，明确权责范围；制定各流程内部的运转规则与各流程之间的关系规则，逐步用流程管理图取代传统企业中的组织机构。

此外，在实施 BPR 中，不能忽视文化与人才建设，企业必须建立其与流程管理相适应的企业文化，培养员工的主人翁意识，加强团队精神建设。

实施 BPR 的四条捷径

成功实施 BPR 并不是一蹴而就的，它需要企业做好多方面的准备工作，以便及时控制可能出现的风险或使 BPR 在企业中顺利实施，这些工作归纳起来主要包括以下四个方面：

——合并同类活动

如果一项工作被分为几个部分，然后再对每一部分细分，分别由不同的人来完成，这样很容易出现个人的责任心不强、效率低下等现象。并且，一旦某一环节出现问题，不但难于查明原因，还会影响整体的工作进展。

这时，企业可以把相关工作合并或把整项工作交由一个人来完成，BPR最基本的思路是强调以过程为核心，打破原有职能界限和任务分割，尽可能将跨职能部门的不同专业人员集合起来，并由这个专门的人或小组完成。

这种工作流程排除了传统分工中存在的大量无效劳动，从而大幅度提高企业活动的效率和准确性。同时，它还能鼓舞员工士气，让员工获得十足的工作成就感，使整个企业的工作积极性得到不断提升。

——非直线化的工作方式

在传统的组织生产中，工作被细分成了一个接一个的组织单位，一个环节未完成，就会影响到下一个环节的开始，这种直线化的工作流程无形中延长了工作时间。

此外，根据严格的机械逻辑或高度理性建立起来的前后工序又使得员工在同一时间内只能做同一件事情。

所以，这种模式渐渐成为一种严重的束缚。但是我们不能否认，这种模式曾经在工业社会，尤其在早期社会，确实发挥过很大的作用。

如果仔细观察工作本身的顺序，我们将会发现，各处环节是可以同时进行或交叉进行的，这种非直线化工作方式可以大大加快我们的工作速度。

——因地制宜地处理业务

在传统的业务处理中，企业通常对某一业务按照惯用的工作方式加以处理。因此，在设计这项业务的处理方法时，我们就要考虑它是否可用在最困难最复杂的工作环境中，以及它是否适用于所有的工作过程。

但现在，通过具体情况具体分析，我们可以在不同的工作环境中制定相应的处理方式。这么做不仅可以大大提高效率、节约资金，还可以使工作变得更为简捷。

——部门界限模糊

这里的"模糊"并非贬义。在传统的组织中，工作按部门进行划分，即各个部门完成属于自己部门职责内的事务。

为了使各部门工作不发生摩擦，甚至还有一些专门性的协调部，这样做往往又会把简单的事情搞得更复杂。在 BPR 的管理下，不需要太严格的组织界线，模糊甚至可以超越组织界线。

现在很多大型的生产企业都采取与超市联合的方式，根据超市信息网传送的销售和库存情况，决定生产多少、送货多少，并不只依靠自己的销售部门进行统计，这样，可以节约大量的人力物力。

别把 BPR 当神话

随着市场竞争的进一步加强，大部分企业将直接面临各方的冲击，特别是一些中小企业，这种冲击是前所未有的。对于这些企业来说，如何面对这种冲击，如何全面提高自己的竞争力将是一个十分关键的问题。

对于中小企业而言，BPR 既预示着丰厚的回报，也意味着巨大的风险。所以，这些企业在实施 BPR 时，需要全面分析可能出现的各种情况，慎重地将企业的实际情况与 BPR 结合起来考虑。

——考虑企业自身情况

首先，我们要明确这些企业的环境，企业的历史起点，企业的管理，以及人才、技术、资金、厂房和设备。实施 BPR 的首要问题是信息管理系统的建设，它的一个重要作用就是提高业务流程的清晰度。

——先进的 BRP 管理系统是否一定适用

从经济的发展方向来看，企业需要 BPR，BPR 也将大有用武之地。但在目前，一些大企业由于股份制、资产重组、企业兼并、下岗分流等问题的困扰，对企业流程重组似乎还无暇顾及。

——企业观念转变

不少专家指出，要想成功运用 BPR 的管理模式，最关键的问题就是转变观念，企业要能大胆吸收最先进的企业管理思想，在企业的管理模式上进行全面的创新。

如果想把企业的体制改革与企业的流程重建结合起来，作为一项系统工程来认识和操作，只有依靠管理思想、管理模式的全面创新和变革。

——BPR 不是神话

美国企业在应用 BPR 时，取得过辉煌的成绩，也付出过惨重的代价。它只是一种管理思想，企业万万不可只为了追求效益，就把 BPR 生搬硬套地用到企业中来，用得不好，它只会适得其反。

信不信由你

从一开始，BPR 就以其思想的先进性和变革的彻底性引起许多企业的关注，成为欧美乃至全球企业的关注热点。

一项调查显示，在美国最具实力的 497 家公司中的 69% 以及 124 家欧洲企业中的 75% 都推行一项或多项不同的 BPR 工程；在其余的企业中，多数已将 BPR 工程列入了企业的议事日程，这其中不乏有许多成功实施 BRP 的经典案例。

在 20 世纪 90 年代初，美国福特汽车公司位于北美的应付账款部有 500 多名员工，他们的工作是负责审核并签发供应商供货账单的应付款项。

在一般人看来，一家业务量如此庞大的汽车公司，有 500 多名员工处理应付款本不应该视为人员冗余。但令人难以置信的是日本马自达汽车公司负责应付账款工作的居然只有 5 个职员。5:500 这个悬殊的比率让福特公司经理再也无法泰然处之了。

当时曾有人想到，要设法利用电脑等设备，使办公能实现一定程度的自动化，但这项程序本身不是一个流程，依靠提高自动化来提高效率，能提高20%就很不错了，而且这还不是从根本上的彻底改革。

从采购这个环节来说，它却是一个业务流程，于是该公司重组的思路就产生了。公司对采购进行了流程重组，重组后的业务流程对于应付账款部的工作和应付账款部本身有了质的变化。现在应付账款部只有125人（仅为原来的25%），意味着节俭了75%的人力资源，而非原定的20%。

柯达公司对新产品的开发成功，是企业成功实施BPR的又一经典案例。

由于来自竞争对手——富士公司不断推出新产品的挑战，柯达毅然放弃沿用数十年的连续性产品开发流程，引用CAD/CAM与并行工程（Concurrent Engineering）技术，注意开发过程中各组织的协调，把原来需要70周的产品开发期缩短至38周，这使柯达公司一直保持了市场的领先地位。

企业资源计划

> 事实上，ERP 是一个系统工程，是管理思想和理念的结晶，是信息时代企业实现现代化、科学化管理的有力工具。
>
> ——美国生产与库存管理协会

ERP 的来龙去脉

在寻求优秀的企业管理模式的道路上，西方的企业家们经历了如下几个阶段：

20 世纪 60 年代，随着计算机技术的发展，使在短时间内对大量数据进行复杂运算成为了可能，人们提出了时段式 MRP（Material Requirement Planning）理论，即物料需求计划。

随着人们认识的深入及计算机技术的进一步发展，MRP 的理论范畴也得到了进一步发展。在 70 年代，为了提高企业采购、库存、生产、销售的管理效益，许多企业都发展了生产能力需求计划、车间作业计划以及采购作业计划理论，这就是闭环式 MRP。

到了 80 年代，伴随着计算机网络技术的飞速发展，企业内部信息得到了充分共享。人们开始将生产活动中的主要环节，如销售、财务、成本、工程技术等与闭环 MRP 集成一个系统，使之成为管理整个企业的一种综合性的制订计划的工具。于是，MRP 发展成为 MRPII（Manufacturing Resource Planning）理论，即制造资源计划。它以 MRP 为核心，覆盖企业生产制造活动所有领域，是为了有效利用制造资源而产生的生产管理思想和方法。

到了 90 年代，世界经济格局发生了重大的变化，市场竞争进一步加剧，企业竞争的空间和范围进一步扩大，以往那种仅仅面向"生产经营"的管理方式已不再适应全球化的市场竞争。要想在市场上占据一席之地，就要求企业在不断完善内部生产管理的同时，扩大自己的产品线，同时注重新产品的研究开发、质量控制、市场营销和售后服务等等，即投入一切可以投入的资源参与市场竞争。

因此，企业的管理技术也就必须随着不断变化的市场而变化，并在深度和广度上加以完善，这才能使企业在竞争中立于不败之地。90 年代初，美国的加特纳公司首先提出了 ERP 的概念。企业管理进入了一个新阶段。

所谓 ERP（Enterprise Resource Planning），即企业资源计划，是一种先进的现代企业管理模式，主要实施对象是企业，通过它可以充分调配和平衡企业各个方面的资源配置，并提供多重解决方案，使企业能够在激烈的市场竞争中发挥强大的竞争优势。

在总结了世界著名企业的管理经验后，我们发现，世界

500强企业中有80%的企业都采用了ERP软件作为他们决策和管理的日常工具。

供需链的管理

ERP是一个高度集成的信息系统，它的核心管理思想就是实现对整个供需链的有效管理。而所谓的供需链，就是把企业与市场联系起来的纽带，市场需要决定了企业的供给。ERP管理的内容就是如何使企业与市场协调，如何把企业的内部和外部资源有机地结合在一起。

在经济一体化的今天，供需链管理的成败对企业的发展有着极为重要的作用。一个企业，如果只依靠自己的资源是很难在市场上立足的，在经营过程中，企业必须把诸如原料供应商、产品制造商、分销商及客户等各个环节上的资源都充分利用起来，形成有效的产、供、销一条龙，才能进一步提高企业的经济效益和市场优势。

可以这么说，现代企业的竞争已经从单一企业之间的竞争发展为企业间供需链的竞争。同时，供需链也并不是一成不变的，供需双方应该随着市场的不断变化作相应地调整。

美国生产与库存管理协会从1997年起，将供需链管理加入到生产与库存管理资格（CPIM）考试中，其中包括了经营范围的概念需求计划、需求与供应的转换、供应等一些内容。由此可见，供需链的管理已经上升到了一个相当的高度。

ERP系统实现了对整个企业供需链的管理，适应了企业在知识经济时代市场竞争的需要。所以，它无可争议地成为了现代企业管理的最有效工具。

不仅仅是一套软件

ERP 作为一种应运而生的管理体制，在产生后不到 10 年的时间内，就得到了许多企业的普遍认同和接受。由于 ERP 为运用它的企业带来了丰厚的利益，因此，越来越多的企业选择了这种有效的管理方式。

但是，很多人认为 ERP 仅仅是一套软件，他们觉得一旦花钱进行安装，企业的发展就万事大吉。

事实上，ERP 是一个系统工程，是管理思想和理念的结晶，是信息时代企业实现现代化、科学化管理的有力工具。它的涉及面广，投入多，实施周期长，难度大，且存在一定的风险，企业想通过它取得效果，就必须精心地选择，科学地组织，合理地使用。

ERP 充分体现了供应链的管理思想，将用户的需求和企业内部的制造活动以及外部供应商的制造资源一同包括了进来，是物流信息同资金流信息的有效集成。

ERP 强调对企业管理的事前控制，把设计、制造、销售、运输、仓储和人力资源、工作环境、决策支持等方面，看作是一个动态的、可事前控制的有机整体。它将上述各个环节整合在一起，其核心是管理企业的现有资源。

通过对现有资源的准确利用和合理调配，它能为企业提供一套对产品质量、市场变化、客户满意度等关键问题进行实时分析、判断的决策支持系统，进而安排下一步的企业活动。因此，它集中地体现了一种事前计划，事中控制的思想。

此外，计划、控制、管理都是在一个流程中实现，要获得最大效益，就必须要求每一个工作人员最大限度地发挥工作能力和责任心，强调各个环节之间的团体合作精神。

青出于蓝而胜于蓝

关于 ERP 的界定，Gartner Group 公司在一开始就出台了一系列的功能标准，包括四个方面：

——超越了 MRPII 的范围和集成功能

包括质量管理、试验室管理、流程作业管理、配方管理、产品数据管理、维护管理、管制报告和仓库管理。

——支持混合方式的制造环境

包括既可支持离散，又可支持流程的制造环境。

——支持动态的监控能力，提高业务绩效

包括在整个企业内采用控制和工程方法、模拟功能、决策支持等。

——支持开放的客户机 / 服务器计算环境

包括客户机 / 服务器体系结构、图形用户界面、计算机辅助设计工程、面向对象技术、使用 SQL 对关系数据库查询、内部集成的工程系统、商业系统、数据采集和外部集成等等。

ERP 以 MRPII 为核心，但它又在 MRPII 的基础上的进行扩展。因此，在管理应用的广度上，在功能和技术上，ERP 都超越了传统的 MRPII。

量身定制

为了获得较高的利益，企业也许会盲目地选择一些高端但并不适合自己的 ERP 产品，这样既可能浪费大笔的费用，也可能达不到普通 ERP 产品的效果。一般来说，商家们会根据企业对资源整合的不同需求，将大量不同的 ERP 产品投放市场。这些产品各有侧重，企业只需根据自己的实力进行选择就可以了。下面是选择 ERP 的几个关键参考因素：

——企业的需求

即要通过 ERP 管理达到什么样的目标。在实际管理中出现过什么问题？这些问题的急迫程度如何？需要用什么手段解决？对于是否解决这些需求企业内部是否已经形成共识？主要决策人是否能给予足够的重视等等？

——该 ERP 的功能

由于 ERP 软件的商品化，其软件功能模块很多，适用范围较广，企业要针对自己当前情况和今后的发展需要来购买，另外要考虑系统的开放性，预留各种接口。企业在购买软件时，如果单纯地看它的功能是不是极其强大，而不去考虑自己的使用范围是不科学的，软件的所谓性价比取决于用户对该软件的使用程度。

——该软件所配备的一些工具

比如开发工具就是很必要的。任何软件都不可能完全适用于企业的需求，或多或少需要用户进行二次开发工作。所以，软件应提供必要的开发工具，并同时保证该开发工具简单易学，使用方便。另外，此软件还必须配备齐全的文档，如用户手册，实施指南等等，方便用户对软件的学习和使用。

——售后服务

售后服务是购买商品时应特别注意的一个方面。这里所说的售后服务工作包括各种软件培训、项目管理、实施指导、二次开发及用户化等等，这关系到在软件使用过程中出现的问题及解决措施，很可能影响到项目的成败。

——软件商的实力与信誉

软件商是否有较强的实力，能否跟踪技术的发展，并不断对软件进行更新和维护。软件商的信誉则表现在对客户的需求是否能完全满足。

——软件价格

价格方面并不指考虑一时的性价比，也就是说并不能只看软件的性能、功能、技术平台、质量、售后服务与支持等，还要作长远的投资效益分析，比如投入的资金利润率是多少，要多久以后才能收回成本，实施周期是否过长或者会不会出现什么其他的困难等等，都要考虑进去，避免造成不必要的浪费。

准备东风

选择好了适合的软件，不要以为安装上就可以赚钱了，还有一些准备工作要做。

——检查你的知识结构是否已经更新

ERP 是信息技术和先进管理技术相结合的产物，从决策者到管理者，乃至普通员工都必须不断学习、研究现代企业的管理思想、方法以及计算机技术和通信技术。

——企业的机构重组

在传统的企业管理中，通常是由几个部门或一个部门经过几个步骤来完成某项任务。但 ERP 不同，它尽可能实现信息的最小冗余与最大共享，这样，它就可能一次性完成某项任务，从而节约各种资源。也因为如此，企业需要在业务流程和组织机构方面做出相应调整，实行机构重组，使之符合 ERP 的实施要求，能否做到这一点是 ERP 能否取得成功的关键所在。

——组织全体员工参与

ERP 的实施并不是靠一个决策者就能做到的，还必须有全体员工的积极参与，因为这是一个整体性的过程，它涉及企业的方方面面及每一个员工，忽略其中的任何一个环节都不可能完成这项工程。

——规范数据

作为一个信息管理系统，ERP 处理的对象就是数据，目的是实现企业数据的全局共享。一个企业所有的数据必然是多方面的，也很可能是冗杂的。那么，首先就要求数据必须规范，即要有一个统一的标准，在此基础上才能达到准确、完整和及时。

所以，企业在实施 ERP 之前，必须先准备好基础数据。比如职工信息、客户信息、材料信息等等。

企业可以结合以上几点准备建议，最重要的还是结合自己的情况，来合理实施这项工作。

正式运作

当一切准备都做好之后，就可以开始实施 ERP 计划了。

——做一个总体规划

ERP 项目内容很广，如财务、分销、生产、人力资源、决策支持、质量管理等等，每部分中又包含了很多模块，要操控如此庞大的一个系统，就必须有一个总体的设想。以实施过程中问题的难易程度等为标准，来确定解决事情的先后顺序，然后，分别处理出现的各个问题。一个好的规划会为你的实施节省不少时间，达到事半功倍的效果。

——成立一个实施专项机构

为了保证 ERP 的顺利完成，在企业内部应该有一个专门性的机构来进行指导。这个机构可以分为领导小组、项目小组和职能小组，这也是从决策到执行过程都很完善的一个机构。

但更为关键的是，ERP 关系到企业内部体制的调整等重大问题，事关全局，因此需要企业的第一把手亲自参与到领导小组中，做一些重大事情的决策，否则很难调动全局。

因此，项目小组一般由企业高层领导组成。职能小组的成员则要保证 ERP 在各部门的顺利实施，由各个部门的主要负责人组成，这也是该机构的核心部分。

——目标测试

在了解了 ERP 系统的主要功能后，要结合自己的需要进行模拟测试，通过模拟数据的测试，得出针对某个问题的解决方案。

——模拟运行

根据目标测试得出的各种缺陷被修改后，就可以用企业实际的业务数据来进行模拟运行。这时，可以先选择一部分比较成熟的业务试运行，再慢慢深入，确保新系统的平稳过渡。

——ERP 系统投入正式运行

在经过一段时间的模拟运行后，如没有发现什么异常，就可以把这个系统投入运行了。这时要停止使用传统系统，让 ERP 尽快得到完善，以便成为完整独立的企业业务系统。

至此，一个新的 ERP 系统就诞生了。

警惕风险

ERP 开始运行，并不代表企业就可以高枕无忧了，任何事情都存在着变数，任何投资都存在着风险。

通常人们在考虑失败的因素时，只着重于对实施过程中众多因素的分析，而往往忽视项目启动前和实施完成后潜在的风险。

对于 ERP 项目而言，风险存在于项目的全过程，从项目预备、总体规划、项目实施一直到系统运行，甚至在运行之后，各种影响因素随时都可能发生变化。如何有效地管理和控制风险是保证 ERP 系统实施的重要环节。

ERP 项目的风险主要体现在以下几个方面：

——项目准备不充分，表现为 ERP 软件选择错误。

由于对企业实际情况考虑不周，可能会选择一些不适用的软件，从而产生了风险隐患。

——总体规划环节质量不过关，有的企业甚至没有整体规划。

——实施过程控制不严格，阶段成果未达标。

有效的实施控制表现在科学的实施计划、明确的阶段成果和严格的成果审核。某个阶段成果不符合规定，就会对以后的各环节造成不利的影响。

——流程设计的不合理。

流程如果太过冗长，势必造成资源的浪费，若环节不足又会有业务失控的危险。

——没有恰当的项目评估。

作为 ERP 实施过程的最后一个环节，评估是 ERP 效果的直接反映，忽视项目评估将不能正确评价 ERP 给企业带来的实施效果。

——系统安全设计不完善。

诸如系统密码不保密，授权多人为用户，甚至网络入侵，这些都是企业不完善的安全系统带来的。

——灾难防范措施不当或不完整，容易造成系统崩溃。

这主要是从一些非人力可抗拒的自然灾害上考虑。火灾、地震都会给 ERP 系统带来沉重打击。

企业理当生于忧患，时刻警惕风险，加强各方面的安全措施，这样才能避免死于安乐。

成功标志

当你的企业顺利地实施了 ERP 以后，也许很快就得到了收益，但是，一个 ERP 系统的真正成功是包括了以下几方面的：

——提高管理效率

这是 ERP 在管理方面成功运用的标志，ERP 应用的前提是必须对企业的业务流程与机构实施重组。因此，ERP 应用成功即意味着企业业务处理流程趋于合理化。具体表现在企业市场竞争力得到大幅度提高，企业对市场的影响力提升，客户对企业的满意度增加。

同时，企业的管理水平也会有明显的提高，对管理水平的衡量来自多方评价的综合。通过评价，为企业建立一个不断自我完善的机制，这才是 ERP 管理系统要达到的目的，也是 ERP 应用成功的重要标志。

——系统运行一体化

ERP 系统的目的就是要对企业物流、资金流、信息流进行一体化的管理，从而实现对整个供需链的管理。ERP 软件的应用势必要跨部门，甚至要跨企业。

比如说，如果 ERP 系统仅被应用于采购部门，只能确定物资需求；仅用在生产部门，只能帮助制订生产计划；仅用在库存管理部门，只能掌握库存信息；只在销售部门应用，只能加强销售管理；只在财务部门应用，只能使财务管理规范化。这些都不是整体性行为，必须把 ERP 彻底地与企业的产、供、销、财务、售后服务等一系列环节结合起来，以提高资金利用率和控制经营风险，提高产品的质量和市场竞争力等等。

通过实现集成化经营，建立企业决策完善的数据体系和信息共享机制，真正把企业团结成一个整齐划一的集体，发挥每个部门的最大优势，这才算是 ERP 系统在技术上的成功。

——建立业绩监控

使用 ERP，能为企业提供大量的信息，可这些信息能否在企业管理与决策中起到积极作用，是衡量 ERP 能否成功的一个主要标志。

在 ERP 开始正式运行后，企业应根据自己的情况，利用信息资源建立一个监控业绩变化的系统，以便及时发现并纠正管理中存在的各种问题。只有完全运用 ERP 提供的各种信息，才意味着系统应用成功。

展望未来

ERP 从诞生到广泛应用，经过了几年的炒作和市场培育，已经取得了长足的进步。但是，我们也需要清醒地认识到，ERP 的产品和市场还没有完全成熟，企业对 ERP 的期望还难免有不实际的地方。

由于企业对 ERP 不甚了解，一些 ERP 生产厂商对自己的产品大肆吹捧，使得 ERP 市场鱼龙混杂，以至于企业在选择 ERP 产品时比较盲目，选择不适合的产品，完全可能影响到企业未来的发展。

所以，业内和企业客户对 ERP 市场还存在一定的忧虑，这种忧虑主要来自不规范的 ERP 市场，也正因为如此，直接导致了客户对 ERP 产品的怀疑。对于企业而言，唯一的解决办法就是对自己做详尽全面的分析，选择适合自己的产品。

当然，企业界对 ERP 概念的理解，也有了很大的进步，在认识上最明显的变化就是不再纠缠 ERP 的概念。可以说，该软件已经经历了从最初的幼稚到现在的比较成熟，从务虚到务实的过程。企业对 ERP 的追求也更有目的性，应用更加务实、业务范围更加广泛、涉及的业务深度逐渐加深。

ERP 系统在为企业主体提供管理信息的时候，必须让产品与客户的规模以及特征相匹配，这样，ERP 软件才能被企业所接受和运用。另一方面，一些企业也要正确看待 ERP 软件，去接受和运用合适的产品，使 ERP 发挥最大的效用。

波士顿矩阵法

波士顿矩阵法的应用可以产生许多收益，它提高了管理人员的分析和战略决策能力，帮助他们以前瞻性的眼光看问题，并使他们能够更深刻地理解公司各项业务活动的联系。

——默克多传媒公司

重新审视投资业务组合

正如"股市有风险，投资须谨慎"，企业应千方百计地降低风险，将其有效的资源进行合理有序的分配以实现资源的优化配置。企业或公司要发展、要适应千变万化的市场机会，就必须合理地在各项业务之间分配资源。当然我们不能靠个人意愿来进行选择，认为哪项业务有前途，就将资源投向哪里。

美国知名管理咨询服务企业——波士顿咨询公司于1970年大胆创立并推广了"市场成长率——市场占有率"矩阵（波士顿矩阵）的投资组合分析方法，其旨在帮助我们分析一个公司的投资业务组合是否合理，以及为大企业确定和平衡其各项经营业务的发展方向。

波士顿矩阵将企业产品按各自的销售增长率和市场占有率归入不同象限，使企业现有产品结构组合一目了然，同时对处于不同象限的产品做出相应的广告决策。所以，它节约了企业有限的资金，促进企业不断地淘汰那些没有发展前景的产品，保持产品的合理组合，实现产品及资源分配结构的良性循环。

在矩阵中市场增长率表示该业务的销售量或销售额的年增长率，我们可以用数字 0 ～ 20% 表示，并认为市场增长率超过 10% 就是高速增长。

用横坐标表示相对市场份额，即该业务相对于最大竞争对手的市场份额，用于衡量企业在相关市场上的实力。用数字 0.1% ～ 10%（该企业销售量是最大竞争对手销售量的 10 倍）表示，并以相对市场份额 1.0 做分界线。

需要注意的是，这些数字范围在运用中需要根据实际的情况不同进行修改。

正如人们应将手头的钱怎么花才能满足他们的需求一样，企业应如何合理有效地分配其资源才能为自身创造最大的社会效益和经济效益呢？波士顿矩阵将会给企业、公司一个完美的答案！

幼童、明星、金牛和瘦狗

在波士顿矩阵图中，将坐标图划分为四个象限，分别代表一个公司四种业务类型：幼童、明星、金牛和瘦狗。

——幼童类业务

幼童类业务是指高市场增长率、低相对市场占有率的业务。大多数的经营单位最初都处于这一阶段。这类经营单位需要较多的资源投入，以赶超较大竞争者和适应竞争日趋激烈的市场，但是他们都前程未卜。

"幼童"非常贴切地描述了公司对待这类业务的态度，因为这时公司必须慎重回答"是否继续投资来发展该业务"这一问题。只有那些符合企业长远的发展目标、能够增强企业核心竞争力的业务才能给予考虑。对此类业务公司或企业不可能全部投资发展，只能从中选择一项或两项，集中投资发展。

该类业务增长快、市场占有率低，应审慎分析，择优选取。

——明星类业务

明星类业务是指高市场成长率、高相对市场占有率的业务，这是由幼童业务继续投资发展而形成的，人们往往视其为高速成长市场中的领头羊，它将成为公司未来的金牛业务。

不容忽视的是，并不是任何明星业务都可以给企业带来良好的效益，因为市场尚未饱和，企业必须追加投资以保持与市场步调相一致，并打垮竞争对手。没有明星业务，企业就失去了希望，但群星闪烁也可能会耀花了企业高层管理者的眼睛，导致他们做出错误的决策。这时必须具备识别行星和恒星的能力，将企业有限的资源投入在能够发展成未来金牛的恒星上。

该类业务发展迅速、市场占有率较高，具有长期发展机会和获利预期，应积极加以发展。

——金牛类业务

明星类业务的市场增长率下降到10％以下便成为金牛类业务，这是成熟市场中的领导者，它是企业现金的来源。由于市场增长率较低，不再需要大量的资源投入，同时作为市场的领导者，该业务享有规模经济和高边际利润的优势，因而给企业带来大量利润。

企业往往用金牛业务来支付账款并支持其他三种需大量现金的业务。因为如果市场环境一旦变化导致这项业务的市场份额下降，公司就不得不从其他业务单位中抽回现金来维持金牛的支配地位，如不然这个强壮的金牛就可能变成瘦狗。

该类业务增长速度低、市场占有率高、市场地位高、追加投资低，应该继续加大投入。

——瘦狗类业务

瘦狗类业务指低市场成长率、低相对市场份额的业务。一般情况下，这类业务常常是微利甚至无利可赚。瘦狗业务的存在更多的是出于感情上的原因，虽然一直微利经营，但就如同主人对养了多年的狗一样而不忍丢弃。其实，瘦狗业务通常要占用企业很多资金、时间等资源，在大多数情况下是得不偿失的，瘦狗业务因此也给企业带来了沉重的负担。

该类业务增长慢、市场占有率低，这类业务有可能成为企业资金陷阱，应慎重考虑。

一个公司若没有金牛业务，则说明它在当前的发展中没有充足的现金流；如果没有明星业务，说明在未来的发展中缺乏一些希望。

实现企业的战略目标

充分了解了四种业务的特点后还须进一步明确各项业务单位在公司中的不同地位，从而进一步明确其战略目标。通常有四种战略目标分别适用于不同的业务。

——发展

以提高经营单位的相对市场占有率为目标，甚至不惜放弃短期收益。比如要是金牛类业务想尽快成为"明星"，就要增加资金投入。

——保持

投资维持现状，目标是保持业务单位现有的市场份额。对于较大的"金牛"可以以此为目标，使它们产生更多的收益。

——收割

这种战略主要是为了获得短期收益，目标是在短期内尽可能地得到最大限度的现金收入。对处境不佳的金牛业务及没有发展前途的幼童和瘦狗业务应视具体情况采取这种策略。

——放弃

目标在于清理和撤销某些业务，减轻负担，以便将有限的资源用于效益较高的业务。这种目标适用于无利可图的瘦狗和幼童业务。

一个公司必须对其业务加以调整，以使其投资组合趋于合理。

波士顿矩阵法的应用可以产生许多收益，它提高了管理人员的分析和战略决策能力，帮助他们以前瞻性的眼光看问题，并使他们能够更深刻地理解公司各项业务活动的联系，加强了业务单位和企业管理人员之间的沟通，及时调整公司的业务投资组合，改革或放弃萎缩业务，加大在更有发展前景的业务上的投资。

别把矩阵当万能模式

虽然波士顿矩阵能够产生多种收益，但是这种矩阵也绝不是万能模式。

首先，由于评分等级过于宽泛，可能会造成两项或多项不同的业务位于一个象限中；其次，由于评分等级带有折中性，使很多业务位于矩阵的中间区域，难以确定使用何种战略；同时，这种方法也难以同时顾及两项或多项业务的平衡。

如中国巨人集团在将保健品业务发展成明星业务后，紧接着开发房地产业务，可以说，在当时的市场环境下，这两种业务都是明星业务，但由于企业没有能够提供源源不断的现金支持，导致企业不得不从本身缺乏资金投入的保健品中不断抽血来支援大厦的建设，最后导致两败俱伤，企业逐步陷入困境。

因此，在使用这种方法时要尽量占有更多资料，审慎分析，避免因方法的缺陷造成决策的失误。同时它也很难为每个战略经营单位定位，比如单独使用每年的市场增长率，到底什么是真实的占统治地位的市场份额等等。

如果管理人员（咨询人员）没有精确的度量，就会用自己的想法来为战略经营单位定位，从而导致想当然的结论。比如不考虑退出市场而将"瘦狗"类业务划去，将这项业务送给正在壮大的竞争对手，为它提供加强业务组合的机会。

弹性工作制

重要的是能从压缩机一样的工作方式中解脱出来，银行给了我许多自由，作为一位母亲同时又是一位职业女性，我希望家庭和事业都能兼顾起来。

——约翰·沃福娜（美国花旗银行副总裁）

度假室里的决定

近来美国商界流行一句时髦的名言："度假室里的决定，比在会议室里的更好！"这成为信息时代人们工作和生活方式的典型写照。

今天，人们比以往任何时候都更加注重生活质量与工作效率。那种拼命干活、拼命挣钱的价值观也随之发生变化，伴随着信息时代的到来和技术革命的日益普及，时代在呼唤一种崭新的工作制度，它就是弹性工作制。

所谓弹性工作制是指在固定的工作任务或工作时间的前提下，员工可以自由选择工作的具体时间，以此来代替统一固定的上下班时间的制度。

弹性工作制是 20 世纪 60 年代由德国的经济学家首先提

出来的，当时主要是为了改善职工上下班交通拥挤的状况。从70年代开始，这一制度在欧美开始得到稳定的发展。

1975年英国约有70万职工，1977年瑞士约有40%的产业工人，在德国约有1/4的工人享受了这一制度。1997年，美国对自1938年开始实行的每周40小时劳动法案进行修订，取而代之的是新的"弹性工作制"法案。该法案的出台，引起了美国工人工作和生活的巨大变化，一些脑力劳动占主要地位的行业开始普遍推行弹性工作制。

到20世纪90年代，大约40%的大公司采用了弹性工作制，其中包括杜邦、惠普等著名的大公司。在日本，日立制造所1988年开始推行这一制度，除生产线上的工人以外，有40000人可以自由地选择自己的工作时间。富士重工、三菱电机等大型企业也都以此为目标，进行了类似的工作时间改革。

一种制度，多种形式

弹性工作制有多种形式，但其中应用最广的是以下几种：

——核心时间与弹性时间结合制

一天的工作时间通常由核心的5～6小时工作时间和环绕两头的弹性工作时间所组成。核心工作时间是每天所有员工必须到班的一些固定时间，弹性时间是员工可以在这部分时间内自由选择上下班的时间。

——成果中心制

公司对职工的工作只考核其成果，并不规定具体时间。员工只要在所要求的期限内按质按量完成任务就可以获得报酬。

——紧缩工作时间制

职工可以将一个星期内的工作压缩在两到三天内完成，剩余时间由自己安排。

无论采用哪种形式，弹性工作制比起传统的固定工作时间制度，都具有非常显著的优点。

仁者见仁，智者见智

弹性工作制在企业逐步开展的过程中，除本身得到了一定的发展和完善外，也引起了相关社会群体的广泛关注。

——企业、组织态度

企业主们究竟对"弹性工作制"持什么态度呢？

对此，美国经济政策研究所做了一项专门调查，调查显示，在大多数情况下，企业主是希望员工自由选择相应的工作制度的，这主要是出于以下几个方面原因：

首先，如果员工自由选择工作时间，雇主就可以无须支付雇员超过固定工作时间之外的劳动工资。

其次，弹性工作制可以减少缺勤率、迟到率和员工的流失。

再次，弹性工作制可以使雇员们拥有更多自由支配的时间和宽松的工作环境，这样，员工就可以把他们的工作活动调整到最具生产效率的时间内进行，从而提高企业的劳动生产率。

最后，对于那些人员较少、资金不丰厚的企业，企业临时聘请一名钟点会计或钟点秘书，花费比专职人员少，不失为一个省钱又效率高的好办法。正如一位企业家所说："只要员工把工作做好，你何必管他们的工作时间呢？"

——白领、蓝领态度

现在，人们比历史上任何时候都更加重视家庭生活，人们需要在时间、金钱、家庭与工作之间获得最大的平衡。现在，人人都在谈论灵活性、效益和平衡，因为这正成为一种时尚。

SLOA 基金会官员凯瑟琳·克里斯坦森博士认为："弹性工作制"这一新型工作方式，更加适应现代人的精神需求。人们可以自由选择工作和作息时间，同时感到个人权益得到了尊重，这在很大程度上提高了工作满意度和士气。

但是，对于那些按小时计算工资的"蓝领阶层"，他们的工资本来就很低，生活拮据。毫无疑问，他们希望能用更多的超时劳动换取更多的收入，因而，蓝领多数不愿接受弹性工作制。

——社会效应

对社会来说，弹性工作制可以充当一种就业调节器。就业机会少，可以让三个人分享两个人该做的工作；劳动力短缺，可以让一个人多做几份工作。

近来，美国一些企业正在向双轨雇佣制方向发展，其中，核心轨道是全日制的正式雇员队伍，辅助轨道则是机动灵活的临时工队伍，二者互相配合，必将进一步推动整个企业的有序发展。

鱼和熊掌可以兼得

通常，人们是否愿意拿灵活性与收入进行交换呢？

这要具体情况具体分析。有的人需要时间，有的人需要金钱，而这两者之间并不是对任何人都可以交换的。"白领阶层"由于有相对稳定而且较高的收入，所以他们更钟情于弹性工作制。

总部设在纽约华尔街的美国花旗银行，从1997年1月开始在全球各系统推行弹性工作制，新制度使得从银行总裁到普通职员都拥有了更多的自由时间和空间。

约翰·沃福娜早晨起床后带着4岁的孩子去咖啡厅吃早餐，随后去超市购买明日食品，然后回家吃午饭，下午在家中处理一些有关工作的事务。这是身为该银行副总裁的约翰·沃福娜每个工作日的日程安排。

约翰·沃福娜说是弹性工作制给了她如此之多的时间与灵活性。她对新型的工作制度十分赞赏："重要的是能从压缩机一样的工作方式中解脱出来，银行给了我许多自由，作为一位母亲同时又是一位职业女性，我希望家庭和事业都能兼顾起来。"

弹性工作制尤其受到像约翰·沃福娜这样的职业女性的关注与欢迎，互联网的应用和现代化通信工具的普及，使许多雇员在家里便可完成自己的工作，他们通过家中的个人电脑处理各种日常工作事务。新工作制度使他们不必每天把许多时间花在办公室和上下班的路上，同时也使自己拥有更多灵活支配的时间。

"如果有相同的弹性工作让我选择，我相信我能表现得更好。"已经是一家投资公司项目经理的宋先生，满脸倦容地说道，"尽管在这里待遇和发展都不错，但无休止的忙碌让我感到厌倦和疲惫，不仅工作压力太大，而且与家人在一起的时间太少，我不知道明天还要不要继续这样生活下去。"

传统的工作制度绷紧了每个人的神经，当然也达不到企业预想的效果，而弹性工作制强调了人的位置，更加注重人的需要，真正做到张弛有度，自然在实施过程中产生了较好的效果。

由于弹性工作制既能提高员工的工作效率，又能满足员工工作和生活兼顾的要求，它渐渐成为企业的一种时尚，为越来越多的企业所接受。

具体问题具体分析

众所周知，弹性工作制极大地提高了现代人生活、工作的热情，也进一步更新了人们的思想观念，但是作为一种新生的管理理念，除本身存在一些不完善外，在具体实施过程中还会产生负面影响，这需要我们从如下两个方面来客观地看待这些问题。

——现代人需要弹性工作制

现代人需要有更多的时间来学习和进修，需要在更加宽松的环境中进行更有效的工作。一些企业的管理者提出"工作结果不是看时间，而是看成果"的口号。

对于很多管理者来说，他们希望只交给雇员一定的工作任务和相应的工作时限，至于雇员们如何完成、在哪里完成，雇主通常不做过多限制。而弹性工作制正好可以满足这种需求，进行精确的个体工作绩效的考核，同时也有利于生产工艺流程和技术的规范化。

一般来说，人们可以根据下面几种情况来判断企业是否适合运用弹性工作制：

（1）员工背景：一般说来，年轻而有家累的男女工人容易接受弹性制度，年老而无家累的员工则比较喜欢传统的工作方式。

（2）组织的大小：在非核心时间之内，规模庞大的组织有足够的员工来担任工作，而规模小的组织在人力调度上比较有困难。

（3）如果一个组织的工作以技术导向的成分居多，而不需要随时随地监督，那么，实行弹性制度就比较顺畅，反之则容易遭遇困难。

（4）如果公司的地点在都市中心区，那么，实行弹性制度容易产生效果。

——弹性工作制给组织运转带来诸多不便

在大多数情况下，弹性工作制可以激励员工、提高企业整体效益，但在某些情况下，弹性工作制的实施也会给整个企业的正常运转带来诸多不便：

（1）它会给管理者对共同工作时间以外的下属人员进行指导造成困难，并导致工作轮班发生混乱。

（2）当某些具有特殊技能或知识的人不在现场时，它还可能给问题的解决带来更大困难，或使管理人员的计划和控制工作更加复杂。

（3）许多工作并不适合实行弹性工作制，例如，百货商店的营业员、办公室接待员、装配线上的操作工，这些人的工作都与组织内外的其他人有关联，只要这种相互依赖的关系存在，弹性工作制通常就不是最好的方案。

（4）主管并非时时刻刻会在办公室里回答员工的问题，因此，主管不但容易有大权旁落的感觉，而且怀疑员工会利用这种权力的空隙假传"圣旨"。

（5）主管无法事事躬亲，势必要花费更多的时间来建立管理、沟通以及协调的计划。

（6）公司或工厂开放营业的时间拉长，水电费有相应增加。

（7）一般而言，装配线、多班制或需要多人合作的情况不太适用弹性时间，因此，弹性时间的应用范围受限制。

（8）由于加班机会少，期望靠加班来弥补家庭开支的员工，可能不会支持弹性工作制。

归因理论

有果必有因

管理者为了预测和评价员工的行为，并对环境和行为加以控制，需要对他人或自己的行为过程进行因果解释和推论，这样的一个完整过程就被称为归因。

1958 年，美国心理学家海德最早提出了归因问题，到 20 世纪 60 年代中期，归因问题引起社会心理学界的广泛关注，从而跻身于热门研究领域。

1965 年，琼斯和戴维斯提出了相应推断理论，他们从行为者的角度出发来推断人们的行为意图，对归因问题做了较大的补充。

1967 年，美国社会心理学家凯利发表了《社会心理学的归因理论》，继相应推断理论之后，凯利将归因现象区分为单线索归因和多线索归因两类，其中，单线索归因依据一次观察就能作出归因，而多线索归因则是在多次观察同类行为或事件的情况下作出的推断。它是对海德的归因理论进行的又一次扩充和发展，从而成为归因模型发展史上的一个里程碑！

归因三部曲

无论是单线索归因还是多线索归因，个体行为的归因总是涉及行为者（内因）、接受者（外因）、所处环境（外因）三个方面的因素，在对个体行为进行归因的时候，可以依据这三个因素作为基础来确定判断标准。

一般来讲，评估个体行为并对其进行归因可从以下三个角度出发：

首先是它的一贯性：个体在一定时间范围内，行为是相对稳定的（频率较高）还是不稳定的（偶然出现）。

其次是它的独特性：个体在这一任务上的行为是否不同于其在其他任务中的行为。

再次是它的一致性：个体在这一任务中的行为是否与其他人在此任务中的表现一致。

我们可以举个例子，比如一名员工今天上班迟到了，对其迟到原因应如何分析推断呢？这就要用到归因三部曲。

第一步，从一贯性着手，如果一名员工上班从不迟到，则表明这是一个特例，行为的一贯性较低；而如果他每周都迟到两三次，则说明行为的一贯性高。行为的一贯性越高，观察者越倾向于对其作内部归因。

第二步，再看独特性，这名迟到的员工是否经常表现得自由散漫、违反规章纪律。如果行为的独特性低（此行为经常出现），则观察者可能会对行为作内部归因；如果行为的独特性高（此行为偶尔出现），则活动原因可能会被归于外部。

第三步，要观察一致性方面，所有走相同路线上班的员工都迟到了，则迟到行为的一致性就高。从归因的观点看，如果一致性高，我们对迟到行为进行外部归因。如果走相同路线的其他员工都准时到达了，则应认为该员工的迟到行为的原因来自内部。

归因三部曲绝不是孤立存在的，对它们进行综合评价可以产生许多可能的解释。它可以归因为能力的高低、努力程度的大小、任务的艰巨与否或者运气的好坏。其中，能力和努力是内部归因即个人原因，它是指对高的一贯性、低的独特性和低的一致性判断而做出的解释。

任务难度和运气是情境归因，当员工行为被认为是独特的，且与其他同事不同的，通常会以情境归因作为解释。

不要过分依赖逻辑

凯利还提出了归因过程中严密的逻辑分析模式，即人们在对他人的行为进行判断和解释过程中所遵循的一些规律，对人们的归因过程做了比较细致、合理的分析和解释。但是，他的三度理论也遭到了人们的批评。主要是因为其过分强调归因的逻辑性，使之成为一个理想化的模式，脱离了普通人归因活动的实际。

实际上，人们往往得不到这个模型所要求的信息，不知道某人在以前这种场合中的行为，也难知道其他人在同样场合中的行为。经验表明，在许多情况下，人们对于所发生的事情，并不是多方观察、收集足够的信息后进行归因，而往往是利用在生活经验中形成的某些固定的联系，根据自己的需要、期望，凭借有限的信息，对行为迅速、经济地做出归因，因此现实生活中不该主观的不要主观！

后来，凯利对他的理论进行了补充和完善，提出了因果图式说、打折扣原则、增强原则和补偿原则等。

生活中的偏见

众所周知，归因是一个主观分析和推断的过程，对此我们必须慎而再慎，坚决回避错误意识的影响，力求做出科学合理的解释。现实生活中的偏见往往会影响我们的判断，其中就包括基本归因偏差和自我服务偏差，下面分别予以阐明：

——基本归因偏差

这种倾向常在判断他人行为时表现出来。人们倾向于将他人的成就归因于运气好或任务简单；但如果别人失败了，则认为他们没有尽全力，或是缺少合适的个性，或者整体能力不足。

人际交往过程中，每一方都通过操纵评价和归因，尽量提高自我形象。而在一个企业中，归因的倾向性明显强调了管理者与员工之间角色的不同之处，并且这些偏见在管理员工考评时会明显出现。

例如，当销售代表的业绩不佳时，销售经理倾向于将其归因于下属的懒惰而不是客观外界条件的影响，这正是基本归因偏差作用于该销售代表的充分验证。

——自我服务偏差

归因是主观性的评估，所以，我们感兴趣的是什么影响了解释的选择。一个重要因素是我们在评估自己的行为还是在解释其他人的行为。

通常，我们倾向于表现出自我服务偏差，即高估自己对成功的贡献和低估自己对问题的责任。这种倾向性表现在评价自己的成功时，高估内部因素（个人特征）的影响；而对于个人不成功的产出，则认为是由于外部（特定情境）原因造成的。

行为矫正理论

奖励并非奏效

组织行为矫正也可称为"行为矫正",指的是采用有规律的、循序渐进的方式引导出所需要的行为并使之固化的过程,它是强化理论在管理实践中的应用。

在现实中,当员工行为与管理者的要求和目标相差甚远时,管理者通常很难对员工的行为进行改进,这时,行为矫正就成为缩小差距的必要手段。

在大多数企业中,只有当员工的行为达到标准时才给予适当的奖励,在这种时候,奖励对员工来说显得太渺茫了,因此,一般的奖励办法很难奏效。这时,对员工行为进行矫正也许是更为可行的办法。

行为矫正通常可以按如下步骤来进行操作:

首先,识别与绩效有关的行为事件。员工所做的不同工作对组织的贡献或意义是不同的，因此，行为矫正法首先就是要找出对工作绩效有显著影响的因素。

一般情况下，关键行为虽然只占所有行为的5%～10%，但其对组织绩效的贡献却可能高达70%～80%。

其次，测量相关行为。管理者要确定绩效的基线水平，也就是要找到行为的基础效率水平。同时还要识别行为的权变或绩效结果。采用功能分析法鉴别工作行为的各种因素，以便管理者可以即时了解出现各种行为的原因。

此外，还要拟订并执行一项策略性干预措施。为了强化必要的绩效和削弱不必要的行为，应该采用适当的行为策略，以便奖励与高水平的绩效相当。

最后是评估绩效的情况。正确合理地评估绩效对组织行为矫正的作用也是相当重要的。

行为矫正法的主要优点是它可以帮助管理者成为有意识的激励者。它激励管理者分析员工行为，发现这种行为出现的原因及频率，使主管能更加有效地了解员工行为。

要治病先识病

如果能够确认具体的行为和正确使用相关的矫正手段之间的关系，那么，像旷工、迟到和失误这样的行为就可以在一定范围内得到改进。

以下是行为矫正策略所遵循的一般准则：

——确定需要矫正的行为；

——确定员工认为是有价值的报酬，同时确认可以影响行为的报酬大小；

——明确意愿行为与报酬之间的关系；

——只在特殊情况下，针对特定行为，才使用惩罚；

——经常进行强化，并且按照预定的程序进行。

通用电气公司在会计部对办事人员进行行为矫正，他们选择了记账错误率作为自己的矫正项目。

首先，管理层检查现存的错误率，然后与员工一起讨论，并设定改进的目标。管理层对员工的做法是减少表扬，并定期通知员工出现错误的情况。不久，该部门员工出现的错误率从高于 8％ 降至低于 0.2％。

可见，先找到出现问题的根源，然后再晓之以理、动之以情，事情才会得到圆满的解决。

常见的行为矫正法

管理者在使用组织行为矫正之前，必须明白是希望增加持续行为的可能性，还是相反。目标一旦确定，即可在两个项目中做出选择。

首先，是使用正面结果还是负面结果；其次，是应用它，还是撤销它。

对于上述两个问题的回答决定了以下几种独特的可供选择的结果。即常见的几种行为矫正的方法：直接强化、间接强化、正面强化、反面强化、惩罚和消退。

——直接强化

行为矫正过程中，强化手段可以有不同的组合模式。直接强化又叫完全强化，即只要所要求的行为一出现就给予强化。

直接强化对于学习初期的、不稳定的、不常出现的行为有很好的强化效果。但这种强化会很快使人出现一种满足感，对奖励感到麻木，从而难以起到持久的强化效果。

——间接强化

间接强化又叫部分强化，即不是每次良好行为出现后都给予强化，而是间断地强化，并且使良好行为得到鼓励而重复出现。

它适用于稳定的或经常出现的行为。所以说间接强化往往要比固定强化效果好。例如，奖金比固定工资强化效果好，前者与绩效相关，是不定期地"间歇强化"，而后者对雇员来说已经习以为常，强化的作用很弱。

——正面强化

正面强化是指对做出的某些行为予以奖励，组织行为矫正非常重视奖励的运用。人们通过使用正面强化来鼓励行为的出现。

正面强化能够产生有利的结果，以鼓励某个行为重复出现。例如，一名员工发现每当高质量地完成工作以后，都会得到主管认同。由于员工希望得到认同，行为也就得到了强化，并且该员工往往希望再次高质量地完成工作。

——反面强化

反面强化某种行为，如自动发现、主动纠正错误并予以补救或补偿而不再予以惩罚，从而行为伴随着不良结果而消失。因此，它不同于惩罚，惩罚总伴随着一些不良结果。与效果相同的是，当又一次面临不良状态时，这种负责排除不良现象的行为会重复出现。

反面强化的一个例子是喷气式飞机机械师发现耳朵上戴上噪音隔离器以后，可以避免飞机发动机噪音带来的不舒适感。正是这种强化鼓励他佩带合适的防噪音装置。

——惩罚

惩罚是指对做出的行为（如旷工）给予批评和处罚，即通过实施不良结果，从而阻止一定行为的出现。虽然在阻止不良行为时，惩罚是必要的，但它具有一定的局限性，所以必须慎重使用。

——消退

消退是指对出现的某种行为不予强化，久而久之，这种行为就会由于被判定无价值而消退。

如果管理者、员工或者任何人没有提供任何强化，员工的该种行为就会由于缺乏强化而逐渐消失。例如，一名员工在过去由于他独特的创造而得到表扬，所以他在几个星期内向主管接连提出了三项建议，但是主管没有做出任何表示。

因此，这些建议便消失在官僚制度的迷宫之中。因此，消除可以认为是一种有意识的策略。

连续强化和部分强化

在应用各种强化类型之前，管理者需要监督员工行为，以了解这些行为出现的频率或执行的效果。员工行为的频率形成一个可供用来改善行为结果的标准。然后，管理者可以从中选择一个强化程序。

强化可以是连续的，也可以是部分的。

连续强化是指员工的每次正确行为都得到强化。在一些情况下，这一强化适用于鼓励快速学习，如果在特殊的工作条件下，通常不可能强化每一位员工的每一个正确行为。一个连续强化的例子是每当员工生产了一件合格的产品，就可以获得一定的奖励。

部分强化是指只有一部分的正确行为得到强化。部分强化的一个特殊之处在于，如果学习能够在部分强化条件下获得，那么学习效果往往能够保持得比较长久一些。部分强化又包括固定时间间隔强化、可变时间间隔强化、固定比率强化、可变比率强化。

固定时间间隔程序是指经过一定时间间隔后进行强化。典型的例子就是每半个月支付一次工资。除了一些非常特殊的情况外，员工可以信赖每半个月的一次工资支付。

再如，有一家主要的航空公司。该公司拥有5家电话预定办事处和1500多名员工，所以，它需要激励这些员工在客户来电话时，鼓励客户预订机票。公司选择了固定时间间隔强化，以及相关管理上的改进。记录下每天预订的数量与来电数量，并将该信息每天反馈给每位员工。该结果显示，预订的数量占来电数量的比例由从前的 1/4 上升至 1/2。

可变时间间隔程序是在不固定的时间间隔以后进行强化。通常，时间间隔的变化分布在一定的目标周期或平均强化周期左右。例如，一家公司规定每年必须对每个部门进行四次安全检查，从而可以鼓励各部遵守安全规定。检查时间是随机选定的，所以两次检查之间的间隔也是随机的。

固定比率程序是指出现一定数量的正确行为以后提供强化。例如，在完成一定数量的销售任务后可以获得销售奖金。一家汽车销售商规定，每售出 5 辆汽车可以获得一笔奖金。这种奖金可以鼓励员工去争取销售更多的汽车，特别是当员工已经销售了 3 辆或 4 辆汽车以后，只差一辆或两辆就可以获得奖金的时候。

可变比率程序是指出现不定数量的（通常事先不公开）正确反应以后提供强化，例如出现 19 次正确反应以后提供强化，然后是 15 次、12 次、24 次、17 次等正确反应以后强化。

行为矫正的应用

行为矫正在企业管理中有相当大的应用价值。一个著名的案例是艾默瑞公司进行的关于搬运工工作方式的研究。

艾默瑞公司出于经济方面的考虑，希望工人尽可能使用运输专用的金属箱。当管理人员调查工人搬运的货物中有多少曾用到了金属箱，工人的回答全部是 96%，其实仅有 45%。

为了鼓励员工使用金属箱，管理层建立了一种反馈和积极强化方案。每个装运工接受指导并记录下自己每天的装运量，工作结束后由工人自己计算金属箱使用率，并据此进行奖励。结果，该制度实施的第一天，金属箱的使用率猛增到 98%，并长期保持该水平。

据公司称，这项措施在 3 年内为公司节省了 2500 万美元。

行为矫正在医院工作中也得到了很好的应用，如办理病人入院，进行医疗记录，收取医疗费用等行为。美国加州的一家医院在应用了此原理后，工作人员办理住院手续的平均时间从 44 分钟降低为 14 分钟，病人的一系列入院手续费用也从 15.05 美元降低为 11.73 美元。

同时还有其他许多组织、许多企业也结合自己的需要制定多种措施进行行为矫正，如以全勤奖取代病假照付制、发挥榜样作用、抽彩降低出勤率等等。

企业再造理论

> 企业再造是工商管理史上的又一次革命，是为美国企业开的一剂"猛药"。
>
> ——哈默（哈佛大学管理学教授）

企业再造三部曲

自 20 世纪 70 年代的石油危机以来，持续的低速发展给美国企业蒙上了一层阴影，特别是 1991 年美国经济破天荒地出现了负增长（－1.2%），更加深了其经济衰退的迹象。世界市场竞争格局发生了根本性的变化，日本企业成为美国企业的头号对手。

相对于科学技术的日新月异，社会结构和金字塔式的官僚体制成了美国经济和企业发展的枷锁。因此，少数企业从 80 年代开始不得不进行企业再造的探索活动。

1993 年，哈默教授和钱辟先生出版了《再造企业——工商管理革命宣言》一书，该书对企业再造进行了精辟的论述。书中称企业再造是工商管理史上的又一次革命，是为美国企业开的一剂"猛药"。

该书将企业再造定义为：为了在衡量绩效的关键指标上取得显著改善，而从根本上重新思考、彻底改造业务流程。其中，衡量绩效的关键指标包括：

——产品和服务质量；

——顾客满意度；

——成本；

——员工工作效率。

两位作者把这次管理革命的矛头直接指向亚当·斯密的分工理论，并取分工理论直接发挥作用的领域——业务流程作为革命的突破口。他们不但进行了理论分析，而且亲自参与了企业再造实践，把企业再造运动推向了高潮。

继《再造企业》出版之后，哈默与斯坦顿于1995年联合推出《再造革命》，它是一本指导企业再造实践的实用手册。

在1996年，哈默再次推出《超越再造——以流程为中心的组织怎样改变我们的工作和生活》一书，该书分析了企业再造运动对人们生活和工作可能产生的影响，以及人们如何做好相关的思想准备。如果说哈默先生的《再造企业》开创了企业再造的新纪元，那么他的后两本书则是对企业再造理论的丰富、发展和进一步诠释。

由于哈默先生企业再造三部曲的连续出版，因此，很多人认为哈默先生是企业再造理论的创始人，但事实并非如此。

谁是真正的创始者

1985 年，奈斯比特和阿布尔丹出版了《再创企业》一书，可以认为，该书的出版意味着企业再造理论已见雏形。

《再创企业》是对弗雷斯特《新型企业的设计》一文的丰富和发展，特别是对如何打碎金字塔式的官僚体制和如何建立新型的企业提出了许多颇有成效的策略。

同时，作者还分析了企业创新中的一些重要问题，如为了吸引杰出人才，公司必须努力营造一种有利于学习和发展的环境，把企业创办为一所能让员工"干到老、学到老"的大学。

针对这一目标，过去那种集权式的管理模式必须让位于网络式、工作群体式的管理模式。在这种新的管理模式下，公司经理的新职责是：辅导、教育和培养，让人们互相学习。这样，每个人既可以为他人提供资源，也可以从他人那里获得必要的支持与帮助。

《再创企业》还强调，公司创新的首要条件就是要有一个远景规划，因为远景规划是员工工作动力的源泉。这必然要求创新工作的领导具有超凡的综合工作能力——既有形成远大抱负的想象力，又有将其付诸实施的实际操作能力。

同时，这种远大抱负是建立在企业现有资源的基础上的，因此它会随着企业再造进程的变化而做具体调整。

1990 年，彼得·圣吉出版了《第五项修炼——学习型组织的艺术与实务》一书。圣吉以他的老师弗雷斯特教授的《新型企业的设计》一文的构想为基础，融合了其他几种出色的理论、方法与工具，提出了学习型组织的蓝图。

圣吉详细地论述了建立学习型组织的五项修炼——自我超越、改进心智模式、建立共同远景、团体学习和系统思考。其中，系统思考是五项修炼的核心。

圣吉认为，通过五项修炼，可以培养弥漫于整个组织的学习气氛，进而形成一种人性化的、有机的、扁平化的组织，即学习型组织。他还分析了学习型组织的一些重要特征，如组织成员拥有一个共同远景，组织由多个创造型团体组成，组织具有"以地方为主"的扁平式结构等等。

继《第五项修炼》出版以后，管理学家奥伯莱（R.Aubrey）和科恩（P.M.Cohen）出版了《工作的智慧》一书。该书详细地分析了员工在事业生涯中"一边干，一边学"的五种学习技术，即陪伴、播种、催化、示范引导与收获。五种技巧循序渐进，呈螺旋式上升状态。

因此，可以看出，哈默虽然是用"Reengineering"这一词语命名企业再造思想和实践的第一人，但企业再造思想并不是哈默最早提出的，哈默并非再造理论的创始者。

企业再造的含义

尽管企业再造有着非常丰富的内涵，但我们还是可以从以下四个方面来把握企业再造的确切含义。

第一，企业再造需要从根本上重新思考业已形成的基本观念，即对长期以来企业在经营中所遵循的基本观念，如分工思想、等级制度、规模经营、标准化生产和官僚体制等等。

　　企业在准备进行再造时，必须搞清楚一些最根本的问题。例如，"我们为什么要这样做？" "我们为什么要做现在的事情？"重新思考这些问题后，我们就可以对经营企业的策略和手段加以审视，从而找出过时、不当和缺乏生命力的因素。

　　一般来说，向传统的经营理念挑战，首先必须跳出传统的思维框架。例如，企业不能有这样一种预设立场——审核顾客信用。试问，有谁规定非审核顾客的信用不可？其实，在大多数情况下，审核顾客信用所耗去的成本要远远超过顾客欠账所损失的金额。

　　因此，企业进行再造的第一步，就是要先决定自己应该做什么以及怎样做，而不能在既定的框框中实施再造。

　　第二，企业再造是一次彻底的变革。

　　企业再造不是对组织进行肤浅的调整修补，而是要进行脱胎换骨式的彻底改造，即抛弃原有的业务流程和组织结构，另起炉灶。只在管理制度和组织形式上进行小修小补，无法从根本上清除企业的顽疾。

　　第三，企业通过再造工程可望取得显著的进步。

　　企业再造可以有效根除企业顽疾。哈默为"显著改善"制定了一个目标，即"周转期缩短70%，成本降低40%，顾客满意度和企业收益提高40%，市场份额增长25%"。通过抽样调查表明，在最早进行再造的企业中，有70%达到了这个目标，取得了企业再造的初步成功。

　　第四，企业再造从重新设计业务流程着手。

业务流程是企业以输入各种原料和顾客需求为起点到企业创造出对顾客有价值的产品或服务为终点的一系列活动。在一个企业中，业务流程决定着组织的运行效率，它是企业的生命线。

因此，我们可以看出，企业再造与渐进式变革理论有着本质的区别。企业再造是组织的再生策略，它需要全面检查和彻底翻新原有的工作方式，重新合理地"组装"已经打破了的业务流程，以建立一个扁平化的、富有弹性的新型组织。

姜未必是老的辣

任何一种管理理论和方法都适应于特定的经营环境，环境的适应性是衡量管理理论和方法有效性的基本尺度。

二战以后，出现了很多管理理论和方法，如全面质量管理（TQM）、适时制造（JIT）、Z理论等，这些理论在全新的经营环境中都显得不合时宜。而企业再造理论的产生，给企业管理带来一个全新的视角，该理论与过去的管理理论相比，更能适应新经济环境下企业进一步发展的要求。

全面质量管理是一种通过全员参与来提高产品质量和服务的管理方法，企业再造与全面质量管理有一些相同之处，表现在：

——两者都以满足顾客的需求变化为起点；

——两者都致力于提高组织的运行效率和经营效益；

——两者都注重跨职能的工作流程。

企业再造与全面质量管理的根本区别在于：全面质量管理其实是一种改良措施，其提高产品和服务质量的活动是在现存的流程中进行的，而企业再造则是抛弃现存的流程而代之以全新的业务流程。

威廉·大内 1981 年提出的 Z 理论，通过对以美国为代表的西方价值观和以日本为代表的东方价值观对管理效率的影响的对比研究，对"美国企业如何迎接日本企业的挑战"进行了深入的探讨。大内指出，每种文化都赋予员工以不同的行为环境，从而形成不同的行为模式。

因此，组织发展的关键是创造出一种组织环境或气氛，使得具有高生产率的团体得以产生和发展。大内还认为，面对来自日本企业的挑战，美国企业应以本国文化为背景，吸收日本企业组织的长处，形成一种既具有高生产率，又具有高度职工满足感的企业组织，他把这种新型的组织命名为 Z 型组织。

Z 理论曾经风靡一时，但它并没能指导美国企业在日本企业的挑战面前获胜。Z 理论的主导思想是"文化决定论"，在这种思想的指导下大内提出了建立 Z 型组织的具体步骤。但是，建立 Z 型组织的变革过程仍然是在现有的组织框架内进行的。

企业再造与 Z 理论的区别在于：企业再造通过重新设计业务流程，进而带动组织的全面变革，最后形成一种新型的组织，而通过 Z 理论建立的新型组织并没有从实质上改变工作方式。

相对于企业再造而言，适时制造的视野较窄，具有微观观念，对各种业务流程的定义是静态的，灵活性较弱。但是，企业再造把各种生产和管理活动看作是一个有机的整体，可以根据顾客需要进行重新组合。

适时制造是由日本丰田汽车公司的"看板管理"发展而来的，看板管理是对美国福特汽车公司亨利·福特所创造的自动化生产流水线的丰富和发展。它彻底改变了在流水线组织中以前项工序管理为主的管理方法，而以后项工序作为管理的起点，建立逆工序性管理过程。

适时制造要求在生产过程中无废品、零库存、各工序之间零延迟，以此来追求生产过程的尽善尽美。

因此，适时制造是本着效率至上的思想，借助自动化生产技术，对工序管理进行创新，它是一种全新的生产组织技术。但是，这种工序管理技术的视野比较狭窄，对过程的理解比较简单，是在原流程基础上的创新，通常是就制造论制造、就营业论营业，因而在适应性上有一定的局限性。假若市场销售不畅、业务不饱和，适时制造系统就形同虚设。

所以，作为新型的企业管理理念，企业再造是其他许多管理理论和方法所不可代替的。

再造理论的广泛应用

企业再造理论的主要思想不仅适用于企业，也同样适用于其他一些行业和部门。在当代企业界，企业再造理论得到了广泛的应用，归纳起来主要有以下三类情形。

第一类是问题丛生的企业。

对于这类企业，除了进行再造之外，别无选择。例如，有的企业生产成本过高，在同行的竞争中无优势可言，或是入不敷出，连年亏损。又如，有的企业服务质量太差，导致顾客怨声载道。再如，有的企业产品开发失败率是同行业的2倍、3倍，甚至高达5倍。显然，这些企业需要从头至尾，进行彻底改造。其中，20世纪70年代的美国电报电话公司和80年代的福特汽车公司便是典型的例子。

第二类是目前业绩不坏，但却潜伏着危机的企业。

这类企业，就当前的财务状况来看，还算令人满意，但是展望前景，却有"风雨欲来"之势。如，新的竞争者纷纷出现、顾客的需求正在变化、政府即将修改产业政策等，这一切都可能使企业在转眼之间把辛辛苦苦创下的业绩化为泡影。这类企业应当高瞻远瞩，当机立断，及早进行改造。

第三类是正处于发展高峰的企业。

这类企业虽然处于发展高峰，但是雄心勃勃的管理阶层并不安于现状，他们决心大幅度超越竞争对手。这类企业将企业再造看作是大幅度超越竞争对手的重要途径，他们精益求精、追求卓越。

企业再造理论不仅适用于企业，其基本思想同样适用于行政事业单位。如政府部门的工作程序、学校的学生入学管理办法、医院里的患者就医程序等等，都可以用重整流程的方法进行改造。

时间管理法

个人计划的指南

虽然每个人的时间都是一样的，每天都是 24 小时，不会多也不会少，你花费时间做这件事，就一定无法再用于其他事，时间是不会越用越多的。

这当然没错，可是你仔细观察一下身边的人，是谁老是抱怨"时间不够用"？哪些又是做事最多的人呢？

正相反，整天埋怨时间不够用的人恰恰是那些做事最少的人，这是怎么回事？问题在于不同的时间利用率，时间利用率高的人，可以节省下很多时间，这正相当于实现了时间的增值。

一位闲来无事的老太太为了给远方的外甥女寄张明信片，足足花上一整天的工夫。找明信片要一个钟头，寻眼镜又一个钟头，查地址半个钟头，做文章一个钟头零一刻钟，然后，送往邻街的邮筒去投邮究竟要不要带把雨伞出门，这一考虑又去掉了二十分钟。照这样，一个忙人总共三分钟里可以办完的事，在另一个人却要犹豫焦虑和操劳整整一天，最后还不免累得七死八活。

一个做事迅捷、工作效率高的人，即使同时应对几件事也能愉快胜任；而一个行动迟缓、推三阻四的人，也许一天下来连一件事也做不成。两人的区别在哪儿？就在于前者已经养成了习惯，而且掌握了做事最简捷的方法。而后者，只是学会了拖延，他的事情总是完不成，所以时间也总是不够用。

下列的某些做法是对你的描述吗？

——你是先捡那些有兴趣的事做吗？

——你是先做容易的事再做困难的事吗？

——你是先做紧急的事再做重要的事吗？

——你是按事情发生的先后顺序处理它们吗？

——你是不到接近最后期限的时候不真正投入项目吗？

如果你对其中一项或多于一项的问题的回答是肯定的，你也许能从时间管理中获益。在此，我们将提出一些建议，帮助你更好地管理自己的时间，我们将向你表明时间管理实际上是一种个人的作业计划。那些有效利用自己时间的管理者，知道他们打算从事什么活动，这些活动的最佳次序是什么，以及应该在什么时候完成这些活动。

专注于可支配的时间

管理者不能控制他们的全部时间，他们的日程总是被日常工作所打断，或是不得不处理那些意外的事件。因此，区分被动时间和可支配时间是非常必要的。

管理者的主要时间是花在应付下属的请求，顾客的需求和种种别人引发的问题上，我们称之为被动时间，它是一种管理者不可控的时间。能够由管理者控制的时间称为可支配时间，大多数有关改进时间管理的建议实际上只适用于可支配时间，为什么呢？因为只有这部分时间是可管理的。

不幸的是，绝大多数管理者，特别是基层的和中层的管理者，其可支配时间仅占他们工作时间的 25% 左右。不仅如此，可支配时间趋向于是一些零碎时间——这里有 5 分钟，那里有 5 分钟，要有效地利用它们是非常困难的。因此管理者面临的挑战是知道什么时间是可支配的，然后对活动进行适当的组织，以便将零散的可支配时间积累成大块的时间，从而能够更有效地利用这些时间。凡是善于识别和组织其可支配时间的管理者，往往更有成效，而他们用可支配时间完成的事情往往是更重要的事情。

怎样利用时间

管理者们或者任何个人，怎么判断他们利用自己时间的有效程度？答案是，他们应当选择一段时间用工作簿或日记连续地记录下他们每天的各种活动，然后对他们收集的数据进行评估。

尽量坚持记日记。一旦这项工作完成，你将会有一个详细的时间和活动记录。然后你就可以分析你利用时间的有效程度，并按照重要性和紧急性排列每种活动的顺序。

进行活动的重要性和紧急性分析，并对每种活动划分等级。

☆重要性

A. 非常重要：必须做

B. 重要：应当做

C. 不太重要：可能有用，但不是非做不可

D. 不重要：没有任何效果

☆紧急性

A. 非常紧急：必须马上做

B. 紧急：应当赶紧做

C. 不紧急：推迟一段时间再做也行

D. 时间不作为考虑的因素

如果你发现时间管理的实质是有效地利用你的时间，它要求你很清楚要实现的目标和实现目标要进行哪些活动，以及每种活动的重要性和紧急性。有效的时间管理过程包括5个步骤。

1. 列出你的目标。

你为自己和为你所管理的部门设定的目标是什么？如果你采用 MBO 方法，这些目标应该已经设定好了。

2. 按照重要性排出目标的次序。

并非所有的目标都是同等重要的，给定你的时间限制，你要确保给最重要的目标以最高的优先级。

3. 列出实现你的目标所必须进行的活动。

未来实现你的目标需要哪些具体的行动？同样的，如果你采用的是 MBO 方法，这些行动计划应该已经制定好了。

4. 对于每一个目标，给实现目标所需进行的各种活动分派优先级。

这一步，又加上了第二组优先级。这里，你既需要强调重要性，也需要强调紧急性。如果某项活动是不重要的，你应当将其授权给下级去做，如果某项活动是不紧急的，你通常可以先把它放一放。在这一步上，你应识别出哪些活动是你必须做的；哪些是你应当做的；哪些是当你有空时将要做的；哪些是你应当授权别人去做的。

5. 按照你分派的优先级安排活动日程。

最后一步是制订日计划，每天早晨或是前一天下班以前，列出 5 件你认为是最重要的必须在当日做的事情。如果列出的事情超过了 10 件，那该日的工作就会十分累赘和缺乏效率。然后，按重要性和紧急性确定列出的各项活动的优先次序。

一些值得注意的要点

1. 遵循 10 / 90 法则。

大多数管理者 90％的决定是在他们 10％的时间里做出

的。管理者们很容易陷在日常事务中，那些有效地利用他们时间的管理者，总是确保最关键的 10% 的活动具有最高的优先级。

2. 了解你的生产率周期。

每个人都有日生产率周期，有些人在上午工作效率最高，有些人是在午后或晚上工作效率最高。凡是了解自己生产率周期并能合理安排工作日程的管理者，可以显著地提高管理效率。他们在生产率周期效率最高的时候处理最重要的事情，而把例行的和不重要的事情挪到效率低的时候处理。

3. 记住帕金森定律。

帕金森定律指出，工作会自动地膨胀占满所有可用的时间。时间管理隐含着你可以为一项任务安排过多的时间，如果你给自己安排了充裕的时间从事一项活动，你会放慢你的节奏以便用掉所有分配的时间。

4. 把不太重要的事集中起来办。

每天留出一些固定的时间打电话，处理未办完的事情，以及其他零碎的事情。理想的情况是，这段时间安排在效率周期的低谷阶段，这样做可以避免重复、浪费和冗余，还可以使你在处理重要的事情时免受琐事打扰。

5. 避免将整块时间拆散。

只要可能，就应留出一天中工作效率最高的一部分时间作为整块的可支配时间，然后，尽量将自己与外界隔离。在这段时间里你应当限制别人进入你的工作场所，避免被别人打断，谢绝电话和来访者。你每天可以另外留出一段时间，敞开你办公室的门接待那些没有事先预约的来访者，打电话或接电话等等。你能够在多大程度上将自己隔离开，取决于你的组织文化，你的上司和下属对你的信任程度，而最重要的是你在组织中的位置。

一般来说，你在组织中的地位越高，你就不必在任何紧急情况下都必须到场；相反，大多数领班因故离岗的时间就不能太长。

6. 当心糟糕的会议所浪费的时间。

会议占去了管理者的大部分时间，而且趋向于越开越长。如果由你来主持会议，你应当在会议开始时就宣布会议的时间，你应当准备一份书面的会议日程并贴出来。

还有一个建议是要求所有参加会议的人站着开会，虽然这有点不近情理，但确实能够使会议大大缩短。只要人们坐下来并找到一个舒服的姿势，他们就失去了使讨论紧紧围绕问题的动机。

有些管理者的办公室没有为来访者准备椅子，从而使来访者意识到他应避免浪费管理者的时间，而管理者通常将那些需要长时间的充分讨论的会议移到会议室去开，在那里有足够的和舒适的椅子供大家坐。

抽屉式管理法

美国在1981年采用"抽屉式"管理的企业为
50％，在1985年为75％，而在1999年为95％以上。泰
国企业在1998年采用"抽屉式"管理的为90％以上。

——《华盛顿邮报》

最为流行的管理方法

顾名思义，抽屉，即办公桌上的抽屉。抽屉式管理法是
一种通俗形象的管理术语，在现代化管理中，也叫作"职务
分析"。

抽屉式管理的主要含义就是在每个管理人员办公桌的
抽屉里，都有一个明确的职务工作规范。它包括两个方面
的含义：

——对每个人所从事的职、责、权、利等四个方面进行
明确的规定，做到四者统一；

——明确每个人所从事的管理和主要专业业务，分工协
作关系，横向纵向联合事宜，以及上下左右的对口单位等，
达到理顺企业管理关系的目的。

抽屉式管理是近几年世界上最为流行的一种新的管理方法。它的主要内容应包括以下两个方面：

——业务科室的职务分析，即职能权限范围。业务科室的职责权限范围分析，应根据企业的总体目标、生产经营指标，以及专业对口的要求和协作关系进行层层分解、逐级落实、明确规定。

——管理人员的职务分析，即"职务说明"或"职务规范"。

管理人员的能力分析要根据管理层次的不同分别进行，它的关键是处理好集权与分权的关系。比如在一家大型煤矿企业，副矿长要对矿长负责，副总工程师应对总工程师负责，科员要对科长负责，科长要对对口矿长负责等等。

企业在施行"抽屉式"管理方法时，首先要组织一个由各个部门结成的职务分析小组。并对职务分析小组进行短期培训，以掌握抽屉式管理的概念和内涵。

其次，企业应围绕企业的总体目标、生产经营指标，根据业务对口，编制业务科室职责权限范围。

再次，企业应分层次进行管理人员分析，按职、责、权、利四者的统一，制定管理人员职务说明或职务规范。

最后，企业需制定必要的考核、奖惩制度，与"职务分析"法配套执行。

抽屉式管理成时尚

在一些商业企业中，还不同程度地存在着职责不清，分工不明，权力与责任相分离等问题，造成办事拖拉疲沓，工作效率低等状况。它们表现在：

——科、室、组分工不明确，一些事情谁都不管，一些事情谁都插手管，造成相互扯皮，严重地影响工作效率。

——企业内部横向联系比较差，协调能力比较弱，使执行任务者只能是四方请示，八方汇报，大大地延长了工作流程，造成公文旅行和文山会海现象。

——企业用人多少缺乏一个客观标准，有定编，无定员，编员脱节。

企业要进行战略管理，就必须明确企业内部各个岗位的主要职责及各个职务之间的分工与协作关系，它能大大地提高企业战略管理的科学性、系统性、有效性。

抽屉式管理在人力资源管理中一般用于职务分析。随着社会经济的发展，抽屉式管理在现代企业战略管理中发挥着重要的作用。采用抽屉式管理的公司也越来越普遍，人们认为抽屉式管理是 21 世纪初现代化管理发展的新趋势。

当前一些经济发达国家的大中型企业都非常重视"抽屉式"管理和职位分类，并且都在"抽屉式"管理的基础上不同程度地建立了职位分类制度。

据调查统计：美国在 1981 年采用"抽屉式"管理的企业为 50%，在 1985 年为 75%，而在 1999 年为 95%以上。泰国企业在 1998 年采用"抽屉式"管理的为 90%以上。最近几年，香港的大中型企业（集团）都普遍实行"抽屉式"管理，使企业上下左右分工明确、职责权限清晰，大大提高了企业管理的效率。

国际上流行的抽屉式管理，类似于已在全国推广的十八种现代化管理办法中的"经济责任制"。经济责任制已在各大企业中应用，它的应用对推行抽屉式管理奠定了基础。

抽屉式管理的特点

所谓抽屉式管理，就是要求企业内部各级管理人员分工明确，责权范围清楚，职、责、权、利相统一，使企业各项管理工作有条不紊，以实行企业内部各项管理工作的规范化、标准化、制度化。

在现代企业管理中，既不能有职无权，也不能有责无权，更不能有权无责，必须职、责、权、利相结合。进行"抽屉式"管理，能理顺企业内部各个职务的主要责任、权力、利益，明确各个职务之间的分工和协作关系，同时可以有针对性地进行人员的培养，以达到人与事的合理配合。

由于它把每个人的职务、责任、权力、利益都规定得非常明确而又具体，各级管理人员都可以在规定的职责权限内发挥最大的作用。

抽屉式管理的最大特点是职责明确，它能大大地提高企业管理工作的系统性和科学性，是顺利地、有效地完成大中型企业各项工作的必要条件。它规定企业内部各个职务的工作性质、特点和任务，并根据其要求来选人用人。所以说，企业内部实行抽屉式管理是企业战略管理的保证。

　　抽屉式管理的核心是实现企业管理的规范化。应针对企业经营管理活动过程中反复出现的事物，制定全面的、系统的、合理的程序与标准，使企业管理工作逐步走向科学化。

　　在商业企业中，管理的规范化包含有企业的基本规范、岗职规范、环节规范、服务规范、职能规范等五个方面。它的实质就是通过规范去约束和引导员工的行为，从而组成一个全员的、全过程的、全方位的规范网络体系，使整个企业处于稳定而有序的运行状态中。